KB091543

UX 원칙 2/e

UX 원칙 2/e

사용자를 행복하게 만드는 101가시 솔루선

심규대 옮김 윌 그랜트 지음

i!i
에이콘

에이콘출판의 기틀을 마련하신 故 정완재 선생님 (1935-2004)

| 옮긴이 소개 |

심규대(kewday.shim@gmail.com)

비즈니스 전략의 관점에서 사용자 경험 설계를 고려해야 한다고 믿는 UX 전문가.

KAIST 산업디자인학과에서 공학사와 공학석사 학위를 받았다. 첫 직장인 LG전자 단말연구소에서 리서치부터 모바일 UX 설계, 사용성 테스트까지 폭넓은 경험을 쌓았다. 이후 SK텔레콤에서 다양한 서비스의 웹/애플리케이션 UX 설계를 담당하는 매니저로 일했다. 모바일 분야에서 쌓은 다년간의 경험을 바탕으로 현대자동차 기술연구소에서 새로운 자동차 인포테인먼트를 연구했다. 이어서 삼성화재에서는 전사 디지털 전환을 제안하고, 온라인 채널의 UX 혁신을 통한 전환율 최적화와 매출 증대를 이끌었다. 이후 신한금융그룹의 디지털혁신연구소를 거쳐 현재는 신한라이프생명에서 디지털 경험 설계를 리딩하고 있다.

활발한 지식 교류를 목표로 다양한 컨퍼런스에서 강연을 맡고 있으며, 에이콘출판사에서 출간한 『UXer에게 꼭 필요한 경험』(2023), 『UX 리서치』(2021), 『UX 원칙』(2019), 『모바일 UX 디자인』(2018), 『누구나 쉽게 쓰는 앱 디자인의 비결』(2013), 『Designing the iPhone User Experience 한국어판』(2011), 『심리를 꿰뚫는 UX 디자인』(2010)을 번역했다.

오랫동안 UX 분야에서 일하다 보니 주변의 UXer는 물론 기획자나 개발자로부터 책 추천을 부탁받는 경우가 종종 있다. 기초부터 쌓았으면 하는 욕심에 UX의 기본 개념을 다룬 개론서를 추천해주고 나면, 부담 없이 읽기 좋았지만 그래서 뭘 어떻게 해야 하는지는 모르겠다는 피드백을 듣게 된다. "고객의 입장에서 생각하라!"와 같은 지침만 반복해서 접하다 보면 손에 잡히는 실용적인 노하우나 지식에 대한 갈증이 쌓이기 마련이다.

나는 뻔하고 추상적인 이론의 나열이 아니라 쉽게 이해되는 구체적인 디테일을 잡은 실용서를 늘 기다려 왔다. 좋은 UX에 대한 소중한 관심을 꺼트리지 않고 이어나가고 싶은 욕심 때문이다. 다행스럽게도 몇 년 전에 『UX 원칙』을 국내에 소개하면서 그동안의 기다림과 갈증을 해소할 수 있었다. 책을 읽은 주변인들은 원칙과 예시가 구체적이고 명확해서 이해하기 쉬웠다는 한결같은 반응을 보였다.

많은 이로부터 찬사를 받은 『UX 원칙』이 더 완벽해진 모습으로 돌아왔다. 1판의 본질은 고스란히 유지하면서 최근의 기술 및 트렌드에 맞춰 내용을 가다듬었다. 연관성 높은 원칙을 그룹핑하고 최신의 사례로 업데이트해 완성도를 한 단계 끌어올렸다. 이를 통해 디지털 실무자가 하기 쉬운 실수를 줄이고, 제품을 더 사용하기 쉽고 효과적으로 만드는 데 도움을 준다.

좋은 UX에 대한 안목을 키우기 위해서는 실용적인 참고서가 한 권쯤은 꼭 필요하다. 이 책이 제품의 성공을 담보하는 실질적인 해결책을 제공하리라 확신한다.

2023년 10월 서울에서

심규대

| 지은이 소개 |

윌 그랜트^{Will Grant}

사용자가 10억 명에 달하는 웹과 모바일 제품의 디자인, 인포메이션 아키텍처 및 사용성을 감독한 20년 이상의 경험을 지닌 베테랑 제품 디자이너이자 UX 전문가다.

컴퓨터 공학 학위를 받은 후 디자인 사용성의 세계적인 리더인 닐슨 노먼 그룹^{Nielsen Norman Group}에서 제이콥 닐슨^{Jakob Nielsen}과 브루스 토냐치니^{Bruce Tognazzini}와 함께 교육을 받았다. 이후 문제를 해결하고 조직에 가치를 창출하는 유용하고 강력한 제품을 설계하는 데 자신의 경력을 바쳤다. 모바일, 엔터프라이즈, 소비자 소프트웨어 제품에 대한 깊은 이해를 갖고 있으며 사려 깊은 디자인으로 사용자의 문제를 찾아내고 해결하는 데 능숙하다.

아마존^{Amazon} 베스트셀러인 『UX 원칙^{101 UX Principles}』(에이콘출판. 2019)을 저술했으며, .net Magazine과 Econsultancy 및 기타 간행물에 글을 기고하고 있다. 또한 웹에서 가장 큰 데이터 마이그레이션^{migration} 툴인 SQLizer. io와 오픈 소스 시각화 제품인 QueryTree를 공동 창업하고 디자인했다.

이 책을 검토하는 데 지치지 않고 귀중한 도움을 준 클라우디오 검벌리^{Claudio Gomboli}, 케이트 쇼^{Kate Shaw}, 리카르도 메거^{Ricardo Megger}에게 감사를 전하고 싶다.

클라우디오 검벌리^{Claudio Gomboli}

우분투 리눅스^{Ubuntu Linux}를 운영하는 Canonical의 사용자 경험 책임자다. 앞서 인텔^{Intel}에서 일했으며, Canonical에서는 UX 팀을 관리하며 엔터프라이즈 클라우즈 솔루션, IoT 및 임베디드 기기를 위한 웹 애플리케이션과 서비스를 담당하고 있다.

현재 런던에 거주하고 있으며 지난 20년 동안 이탈리아, 일본, 독일에서 머물며 웹 에이전시, 스타트업, 디자인 스튜디오, 대형 IT 기업에서 다양한 디자인 역할을 수행했다. 뛰어난 사람들, 여러 분야의 팀과 함께 일하며 제품을 처음부터 끝까지 만들어 냈다.

케이트 쇼^{Kate Shaw}

수석 제품 디자이너, 커뮤니케이터, 크리에이터, 문제 해결사, 세 아이의 엄마이자 혁명가가 되길 꿈꾸는 사람이다.

디지털 제품 디자인 분야에서 20년 이상의 경험을 갖고 상업적 니즈와 고객 니즈 사이의 균형을 추구하며 스타트업, FTSE^{Financial Times Stock Exchange} 100대 기업 및 에이전시를 위한 직관적인 경험을 디자인해 왔다. 더 텔레그라프^{The Telegraph}, BBC, 더 가디언^{The Guardian}, 존 루이스^{John Lewis}, 익스피

디아^{Expedia}가 주요 클라이언트이며, 현재 스위스로 이주해 온라인 뱅킹 분야에서 스위스 리더로 행복하게 일하고 있다.

리카르도 메거^{Ricardo Megger}

브라질의 UX/UI 디자이너다. 디자인 및 마케팅 학위를 갖고 있으며, Grupo Services에서 일하면서 사용자를 위한 놀라운 경험을 만들고 있다. 다양한 지식 분야 사이를 넘나들며 유사성을 찾는 것을 즐긴다. 그러한 이유로 자연 모방^{biomimicry}에 큰 관심을 갖고 있다. 여가 시간에는 고전 시를 읽고 공포 영화를 보는 것을 즐긴다. 주된 직업적 열망은 미래가 다가오도록 돕는 것이다.

| 차례 |

UX 실무

서체

컨트롤

콘텐츠

내비게이션

아이코노그래피(iconography)

사용자 데이터

진척

접근성을 고려한 디자인

여정과 상태

용어

기대

UX 철학

이 101가지 원칙은 디지털 제품 디자인을 위한 광범위한 가이드라인이다. 수천 개의 원칙이 더 있지만, 여기서 소개하는 101가지 원칙이 대부분의 제품을 보다 사용하기 쉽고 효과적으로 만들어 줄 핵심 원칙이다. 이 원칙은 당신의 시간을 절약하고 사용자를 더 행복하게 만들 것이다.

이 책은 사용자 경험UX, User eXperience의 여러 측면을 논하지만 사용자 인터페이스UI, User Interface에 중점을 둔다. 사실 스크린의 픽셀은 여전히 디지털 제품의 고객 경험에서 큰 부분을 차지한다.

UI(스크린의 버튼, 양식의 컨트롤)는 사용자가 제품과 인터랙션interaction하는 유일한 방법이기 때문에 UX(전체 경험)의 품질은 인터페이스의 품질과 사용성에 밀접하게 연관된다. UX는 UI보다 더 큰 영역이지만, UI가 UX에 얼마나 중요한지를 무시할 수는 없다.

웹 성숙도가 높아지는 여정의 어딘가에서 우리는 중요한 사실을 잊었다. UX는 예술이 아니다. 오히려 그 반대다. UX 디자인은 사용자에게 서비스 제공이라는 기능을 수행해야 한다. 여전히 멋져 보여야 하지만, 실제 기능을 희생하면 안 된다. 몇 년 동안 형편없는 디자인이 점차 생겨났으며 일부 디지털 제품은 100여 개의 사소한 방식으로 악화됐다.

어쩌다 이 지경이 된 것인가? 브랜딩 에이전시branding agency가 관여됐다. 에이전시는 우리가 사진을 '추억'이라고 부르기 때문에 사진 메뉴도 추억이라고 불러야 한다고 주장했다. 그것이 무엇을 의미하는지, 사진을 어떻게 찾아야 하는지 아는 사람은 아무도 없다.

CEO는 회사가 관련된 모든 곳의 제목에 바닷바람의 색조를 사용하도록 직접 선택했고, 그 결과 모든 제목이 옅은 파란색이 됐다. 이는 모바일 폰 화면의 흰색 바탕에서는 아무도 제목을 읽을 수 없다는 뜻이다.

마케팅 부서는 전체 화면 크기의 팝업을 띄워서 사용자의 이메일 주소를 수집하는 것이 4분기 고객관계관리^{CRM, Customer Relationship Management} 지표에 적합하다고 결정했다. 그러고 나서 그들은 '고객이 팝업을 닫으면 안 되니까 닫기 아이콘을 너무 크게 만들지 마세요'라고 말했다.

웹 도처에서 발견할 수 있는 이 세 가지 예에서 회사는 사용자 니즈를 간과하고 사용자를 최우선으로 고려하지 않았다는 것을 알 수 있다. 지난 20년 동안 나는 디지털 제품 디자인에 대해 많은 것을 배웠다. 이 모든 교훈이 머릿속에서 하나의 커다란 UX 운영체제로 집대성된 것처럼 느껴지기 때문에 개별 교훈을 하나씩 뽑아내기는 어렵다.

내 자신이 디자인 순수주의자임을 인정하는 것은 부끄럽지 않다. 물론 미학도 중시하지만 난 이를 '불만족 요인^{hygiene factor}'인 동시에 필수적인 것으로 본다. 나는 미학의 겉치장을 넘어서 기능이 분명하거나 쉽게 발견하고 이해할 수 있는 편리하고 강력한 소프트웨어를 만들고자 항상 노력해 왔다.

이 책은 경험이 부족한 디자이너에게 '성공으로 향하는 지름길'이며, 경험 많은 UX 전문가에게는 보편적인 생각에 대한 도전이다.

그 원칙은 서체, 컨트롤, 여정과 같은 폭넓은 섹션과 더 넓은 분야의 UX 사례로 구성된다. 이 책을 마음대로 들춰 보고 참고서로 활용하기 바란다. 순서대로 읽도록 디자인했지만, 읽는 순서는 상관없다.

아마 몇 가지 원칙은 동의할 수 없을지도 모른다. 이것은 어쨌든 의견을 강하게 드러낸 책이다. 하지만 의견 차이는 당신의 생각을 점검하고, 사용자의 목표를 달성하는 데 더 좋은 방법이 있을지를 다시 고려해 보게 만드는 계기가 될 것이다.

이 책을 즐겼으면 좋겠다. 더 나은 UX 전문가가 되는데 이 책이 도움을 줘서 당신이 효과적인 경험을 구현하고, 일반적인 함정에 빠지지 않고, 자신감을 쌓아서 사용자를 위해 싸울 수 있길 바란다.

2022년 5월
윌 그랜트

UX 실무

UX의 첫 번째 원칙은 사용자를 사고의 중심에 두는 것이다. 이 섹션에서는 사용자 중심의 제품을 디자인하는 데 필요한 기본 원칙을 소개하고, 작업 결과물을 테스트하고 반복적으로 개선하는 것의 중요성을 강조한다.

#1

누구나 UX를 잘할 수 있다

이 책은 소프트웨어 제품을 디자인하는 모든 사람을 위한 것이다. 당신은 정규직 디자이너, UX 전문가 또는 제품 UX의 의사결정권자일 수도 있다. 누가 읽더라도 이 책에 소개된 원칙은 제품을 향상시키고, 사용자 니즈^{needs}를 더 효과적으로 충족시키는 것을 두고, 고객들이 더 많이 되돌아오게 만들 것이다.

이 책에 등장하는 다양한 사례에는 모바일 애플리케이션, 웹사이트, 웹 애플리케이션 또는 데스크톱 소프트웨어가 포함되지만, 이 원칙은 차량 UI$^{User Interface}$부터 모바일 게임, VR$^{Virtual Reality}$, 세탁기 인터페이스, 그 사이에 존재하는 모든 것에 이르는 광범위한 범위의 애플리케이션에 적용될 수 있다.

UX에 능숙하려면 공감과 객관성이 필수다. UX 분야에서 오랫동안 연구하고 일해 온 사람들을 폄하하려는 것은 아니다. 그들의 인사이트^{insight}와 경험은 소중하다. 연구와 경험만으로는 충분치 않다는 뜻이다.

사용자의 니즈, 목표, 불만을 이해하려면 공감이 필요하다. '그들의 입장이 돼 보기' 위해서는 사용자 문제에 정중하게 접근해야 한다. 그들이 멍청한 것이 아니라 소프트웨어가 쓰기 어려운 것이다. 새로운 시각으로 당신의 제품을 살펴보고, 결점을 찾아내고 이를 해결하려면 객관성이 필요하다.

사용자 테스트는 필수적이다. 테스트는 당신이 상상하지 못했던 결함을 들춰낼 것이다. 초기에 사용자와 그리고 자주 이야기를 나눠라. 초반에는 제품을 고치기 쉽지만 막바지에는 거의 불가능하다.

공감과 객관성을 갖추면 UX를 잘 하는 데 필요한 그 외 모든 것은 학습 가능하다.

학습 포인트

- UX는 타고난 재능이 아니다. 이 책을 보고 이 분야에서 잘하는 방법을 배울 수 있다.
- 당신이 갖춰야 할 두 가지 핵심 자질은 객관성과 공감이다. 당신의 문제와 니즈가 사용자와 항상 같지는 않다.
- 이 책은 101개의 검증된 원칙을 통해서 성공의 지름길을 제공하는 것이 목표다.

#2

원칙을 전략적으로 사용하라

이 책에서 소개된 원칙은 훌륭하지만 어떻게 그것을 행동에 옮길까? 2018년에 초판이 나온 이후 내가 가장 많이 받은 질문은 '이 원칙을 일상 업무에서 어떻게 실천하나요?'와 같은 것이다. 고결한 UX 전문가의 좋은 의도와 최신 비즈니스에서 일하는 지저분한 현실은 완전히 다르다. 내가 수년 간 성공적으로 사용해 온 최고의 팁은 다음과 같다.

1. **사용자를 위해 싸워라.** 일상적인 비지니스에는 경쟁 부서와 우선순위가 포함된다. 핵심성과지표^{KPI, Key Performance Indicator}와 목표 및 핵심결과 OKR, Objective and Key Result는 마케팅 및 영업 부서에 적합하지만, 사용자의 니즈를 계획의 중심에 두고 사용자를 위해 싸우는 것은 당신의 일이다. 때로는 다른 팀과의 충돌이 불가피할 수도 있고, 모든 전투에서 승리하지는 못할 것이다. 하지만 당신이 거기에 서서 목소리를 내는 것이 중요하다. 영업팀은 달성해야 할 목표가 있지만, 스킵^{skip}할 수 없는 전체 화면 동영상 광고가 고객을 끌어들이기보다는 떠나고 싶게 만든다는 사실을 우수 사례와 데이터를 갖고 그들에게 납득시키는 것이 당신의 역할이다.

2. **조직 내에 동맹을 구축하라.** 조직에서 'UX를 달성'하는 가장 효과적인 방법은 비즈니스 전반에 걸쳐 동맹을 구축하는 것이다. 제품 관리자, 개발자, 고위 관계자(최고책임자들도 당연히 포함) 모두가 UX를 지지하고 UX의 가치를 이해해야 한다. 그들을 프로세스에 참여시켜라.

3. **비즈니스 목표를 이해하라.** 당신은 사용자의 목소리를 대변하지만 외부와 단절된 상태에서 일할 수는 없다. 비즈니스 목표와 제품 및 서비스 계획을 이해해야 한다. 비즈니스에 대한 결과를 만들어 내지 못하고 사용자의 목소리만 낸다면 오래 버티지 못할 것이다. 제품 관리자와 교류하면서 로드맵과 비즈니스 계획을 수립하는 데 도움을 줘라.

4. **사용자 리서치 문화를 구축하라.** 동료들을 사용자 리서치에 참여시키고, 테스트 세션에 데려가고, 결과를 다양한 사람들에게 전파하라. UX 디자이너와 제품 담당자 모두는 사용자 니즈에 대해 생각하고, 모든 단계에서 아이디어를 테스트해야 한다. 마지막으로 이러한 아이디어를 비즈니스 관계자에게 다시 갖다줘라. CEO나 CMO의 생각을 바꾸는 데 실제 고객의 리서치 결과를 제시하는 것만큼 강력한 것은 없다.

5. **데이터에 기반한 결정을 내려라.** 데이터를 사용해서 주요 의사결정을 이끌어라. 여기서는 사용자 테스트의 정성적 데이터(숫자가 아니라 말로 설명할 수 있는 데이터)보다는 애널리틱스^{analytics} 및 기타 측정치의 정량적 데이터(숫자로 측정 가능한 데이터)를 의미한다. 제품 기능, 누락된 서비스, 비즈니스 수행에 대한 총체적 접근법의 측면에서 더 나은 결정을 내릴 수 있도록 이 데이터를 사용하라.

학습 포인트

- 사용자를 위해 싸워라.
- 조직 내에 동맹을 구축하라.
- 비즈니스 목표를 이해하라.
- 사용자 리서치 문화를 구축하라.
- 데이터에 기반한 결정을 내려라.

#3

간단한 제품의 출시를
두려워 마라

2000년대 초 소프트웨어 업계에서 애자일^{Agile} 방법론 채택을 채택하면서
얻은 (수많은) 좋은 점 중 하나는 빨리 그리고 자주 출시하는 패턴이다. 애자
일 선언에는 이런 원칙이 있다.

> 우리의 최우선 과제는 가치 있는 소프트웨어를 조기에 지속적으로
> 제공해 고객을 만족시키는 것이다.
>
> – 애자일 선언
> (https://agilemanifesto.org/principles.html)

'빅뱅' 출시를 기다리지 않는다. 제품의 모든 측면을 완벽하게 만들 수는
없다. 유용한 소프트웨어가 준비되는 즉시 사용자에게 공개하고 지속적으
로 업데이트한다. 최근의 소프트웨어 개발에서 이 원칙을 종종 위반하는
몇 가지 상황은 다음과 같다.

- 제품이 준비됐다고 생각하기 전에 기능을 하나 더 추가하고 싶어 한다.
- 마케팅 팀은 기능을 홍보하기 위한 캠페인이 준비될 때까지 미루길 원
  한다.
- 경쟁업체가 제공하는 기능이 더 많으므로 이보다 더 낫게 만들어야
  한다.

사용자는 이런 것에 대해 신경 쓰지 않는다. 내 말을 믿어라. 당신의 제품
이 완전히 새로울 필요는 없다. 단지 사용자가 작업을 마치는 데 도움이 되
기만 하면 된다. 과도하게 집어넣고, 마감을 미루고 개발자를 밀어붙여서
결국 사용자에게 25개의 탁월한 기능이 아닌 100개의 어설픈 기능을 제공
하고 출시일을 늦추는 것보다는 적은 수의 더 나은 기능이 사용자 경험에
더 좋다.

대부분의 경우 대다수의 사용자는 하루 중 1%의 시간 동안 당신의 애플리케이션을 사용하지만 당신은 줄곧 그것만 바라보기 때문에 객관성을 잃기 쉽다는 것에 유념하라. '정말 Y가 필요할까? X가 더 좋아지면 사용자는 더 행복할까?'라고 자문하라.

경쟁업체에 비해 부족한 기능에 대해 관계자가 겁을 집어먹을 때를 대비해서 초기 버전의 범위를 면밀하고 명확하게 준비하라. 최소 버전 배포를 진행하면서 당신이 배운 것을 토대로 이후에 반복하기 위한 근거와 전략이 포함돼야 한다.

학습 포인트

- 단순하게 유지하라. 쓸데없이 시간을 낭비하지 마라.
- 유용한 기능을 빨리 그리고 자주 출시하라.
- 경쟁업체의 기능 세트를 뒤쫓지 마라. 때로는 적을수록 더 좋다.

#4

누군가에게는
복잡성이 좋을 수도 있다

몇 년 전에 나는 보험 회사를 위한 몇 가지 일을 했다. 흥미로운 프로젝트란 죄다 내가 맡는 것 같다. 그렇지 않나? 그 소프트웨어는 콜센터 직원이 걸려오는 고객 문의를 관리하기 위해 사용하는 웹 기반 UI였다. 내가 개선해야 했던 이 웹 애플리케이션에서 고객은 보험 계약을 변경하거나 새로운 계약을 맺거나 보장을 취소하기 위해 전화를 걸었고, 사용자는 필요에 따라 검색, 편집, 저장 또는 삭제를 해야 했다.

이 애플리케이션은 최근에 리디자인redesign을 거쳤으며 내 일은 리디자인이 얼마나 성공적이었는지, 그리고 어떤 기능이 성공적이고 어떤 기능이 그렇지 않은지를 확인하기 위해 사용자를 연구하는 것이었다. 신규 UI는 깔끔하고, 현대적이며, 무겁지 않았다. **머티리얼 디자인**material design을 기반으로 하고 있으며 넓은 여백과 크고 선명한 서체가 적용됐다.

그리고 모든 사용자가 새로운 시스템을 싫어했던 것으로 밝혀졌다. 정보 밀도가 너무 낮았다. 1개(또는 2개)의 화면에서 모든 고객 정보를 꽉 차게 보는 대신에 사용자는 이제 필요로 하는 세부 정보를 확인하기 위해서 뷰view를 하나씩 스크롤하면서 여러 화면을 탐색해야 했다. 보험 계약 만료일 확인과 같은 기본적인 작업을 수행하기 위해 로딩 시간을 참으면서 2개의 뷰 사이를 왔다갔다해야 했다.

아무도 사용자에게 '현재 시스템에 무슨 문제가 있나요?'라고 묻지 않았다. 대신, 그들은 존재하지 않는 사용자 니즈에 맞춰 신규 디자인을 최적화 했다(#6. 실제 사용자와 함께 테스트하라 참고).

기업 환경에서 일하는 다수의 숙련된 사용자는 소프트웨어에 의존해 동일한 작업을 반복 수행한다. (보다 '사용자 눈높이'에 맞추기 위해) 기업용 소프트웨어를 지나치게 단순하게 만드는 것은 필수 기능을 사용자가 찾지 못하게 감추고, 소프트웨어를 답답하고 느리게 만들며, 인지 부하를 증가시킨다.

예를 들어 항공기 조종석은 조밀하고 복잡하지만, 사용자에게는 복잡성이 알맞기 때문에 그렇게 구성할 필요가 있다.

그림 4.1: 모든 제어 장치를 살펴보라. 언스플래시(Unsplash) 사이트 Honglin Shaw의 이미지

마찬가지로 전문 오디오 툴인 에이블톤 라이브Ableton Live는 조밀하고 복잡한 인터페이스를 갖고 있지만, 음악가들은 매일 하루 종일 툴을 사용하며 툴이 제공하는 생산성을 대단히 좋아한다.

그림 4.2: 에이블톤 라이브의 사용자 인터페이스

학습 포인트

- 복잡한 제품을 너무 '소비자 눈높이'에 맞추고 단순하게 만들지 않도록 주의하라.
- 트렌드를 따르지 말고 사용자가 필요로 하는 것에 초점을 맞춰라.
- 복잡성이 항상 나쁜 사용자 경험을 의미하지는 않는다.

#5

A/B 테스트를 사용해서
아이디어를 검증하라

인터뷰와 피드백 연구를 통해 사용자로부터 많은 것을 배울 수 있지만, 이러한 기법으로는 대규모로 진행하기가 어렵다. 1,000명 또는 100,000명의 사용자와 이야기를 나누는 것은 시간을 너무 잡아먹는다. A/B 테스트(2개의 디자인을 비교하는 경우)와 다변량 테스트(여러 디자인 요소를 변경하는 경우)는 사람이 아닌 로봇이 실행할 수 있기 때문에 대규모의 사용자를 대상으로 결과를 수집하고 디자인을 테스트하기에 좋은 방법이다.

A/B 테스트는 사용자 기반을 2개의 그룹 또는 모집단으로 나누고 각 그룹에 두 가지 상이한 디자인('A'와 'B')를 보여 주고 어떤 디자인이 더 효과적인지 확인하는 기법이다. A/B 테스트는 더 많은 사용자 모집단에서 최상의 결과를 제공한다. 1,000명 이상이 유의미한 결과를 제공하기에 적절한 최솟값이다.

A/B 테스트는 아주 간단하다. 두 가지 다른 버전의 UI를 설정하고 소프트웨어(다양한 무료 및 유료 서비스 이용 가능)를 사용해서 방문자에게 균등하게 제공하면 된다. 애널리틱스 소프트웨어의 레이블label로 각 그룹에 태그를 지정하면 구매 전환, 가입 등과 같은 전환 지표에 대해 어떤 디자인의 효율이 더 좋았는지 쉽게 확인할 수 있다.

검증할 가설부터 시작하라. 하단 예시의 가설은 다음과 같다. '구매 과정을 단축시키고 옵션을 더 밝은 컬러로 제시하면 더 많은 구매 전환이 일어날 것이라고 생각한다.'

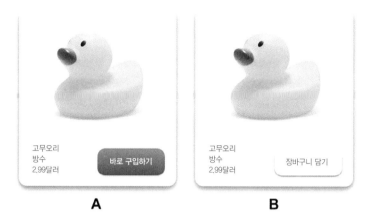

그림 5.1: 1,000명 이상의 사용자를 대상으로 버전 A와 B를 제공하고 각 집단에서 몇 개의 오리가 판매되는지 확인하라.

UX 리서치 도구함에 담아 두기에 정말 좋고 유용한 리서치 도구다. 마지막으로 윤리에 대해 한마디하겠다. 기업의 니즈에 맞춰 최적화하는 것이 아니라 사용자를 돕고 있는지를 확인하라. 그런 식으로 하면 **기만적인 패턴**에 머물게 된다(#101. 악의 유혹에 빠지지 마라 참고).

학습 포인트

- A/B 테스트를 사용해 어떤 디자인이 더 효과적인지 확인하라.
- '효과적'이라는 것이 사용자에게 더 도움이 되는지를 확인하라.
- A/B 테스트는 미세한 변화가 아니라 2개의 확연하게 상이한 디자인에 적합하다.

#6

실제 사용자와 함께 테스트하라

실제 사용자와 테스트하지 않는다면 이 책의 모든 내용은 아무런 의미가 없다. 덧붙여서 당신의 동료, 상사, 파트너가 아닌 실제 사용자와 테스트해야 한다. 당신이 접근 가능한 집단(물론 목표 고객 내에서)의 가장 넓은 섹션에서 다양한 사람들과 테스트해야 한다.

사용자 테스트는 제품뿐만 아니라 테스트 중인 사용자를 이해하는 데 필수적인 단계다. 그들의 목표는 무엇인지, 이를 어떻게 달성하고자 하는지, 당신의 제품이 어떤 부분에서 도움이 되거나 부족한지를 이해하기 위함이다. 당신은 사용자를 더 잘 이해할 뿐만 아니라 피드백 순환^{loop}도 단축시키고, 제품 수명 주기에서 훨씬 더 일찍 문제를 해결함으로써 개발 시간도 줄이게 된다.

테스트를 시작하기에 너무 이른 시기란 없다. 미완성의 프로토타입이나 페이퍼 프로토타입(책상 위에서 자유롭게 이동시킬 수 있는 카드나 노트)도 가치 있는 인사이트를 제공할 수 있으므로 가급적 빨리 사용자에게 제품을 선보여라. 뿐만 아니라 시작 단계에서 여러 차례 실패하지 않고 초기에 올바른 방향으로 나아가면 자신(및 개발자)의 작업과 재작업을 크게 줄일 수 있다.

그렇다면 무엇을 테스트할 것인가? 사용자 테스트는 무작위로 찾아가서 그들에게 애플리케이션에서 태스크를 수행해 달라고 요청하는 '게릴라 스타일' 테스트부터 전문 사용자(보통 해당 분야의 지식을 보유)에게 복잡한 태스크 수행을 요청하는 특정 기능 중심의 테스트에 이르는 광범위한 활동이다. 어느 쪽이든 무엇을 테스트할 것인가에 대한 생각에서 시작해야 하며, 제품의 복잡성 수준과 사용자에게 필요한 특정 분야의 지식 양쪽 모두를 조정해아 한다.

가장 일반적인 사용성 테스트 방법은 다음과 같다.

- **게릴라 테스트**: 앞서 언급한 것처럼 격식에 얽매이지 않는 즉석 테스트. 이 방법은 저렴하고 신속하며, 제안 솔루션에 대한 유용한 정보를 조기에 얻는 데 매우 적합하다.
- **실험실 테스트**: 테스트 진행자와 함께 통제된 환경에서 수행하는 테스트. 이 방법은 사용자의 동기에 대한 더 많은 인사이트를 제공하지만, 비용이 많이 들고 결과 도출까지 오래 걸릴 수 있다.
- **원격 테스트**: 사용자가 자신의 기기를 사용하며, 별도의 진행자 없이 수행되는 테스트. 이 방법은 동일한 수준의 피드백을 제공하지 않지만, 테스트를 수천 명의 참가자에게 확대할 수 있다.

사용자 테스트는 비용이 많이 들고 시간 소모적이라는 근거 없는 이야기가 있지만, 실제로는 매우 작은 테스트 그룹(10명 미만)으로도 대단히 흥미로운 인사이트를 얻을 수 있다. 참가자가 적은 테스트의 특성상 정량적 분석에는 적합하지 않지만, 10명 미만의 사용자로 구성된 소규모 샘플 세트로 진행하면 정성적 피드백을 많이 얻을 수 있다.

5명의 사용자로 진행해도 한 번의 테스트에서 사용성 문제의 85%를 발견할 수 있음을 보여 주는 연구가 있다. 이 놀랄 만큼 높은 수치는 **푸아송 분포** Poisson distribution와 수학 덕분에 얻어진다.

 5명의 사용자만 테스트해도 되는 이유,
NNG: https://www.nngroup.com/articles/why-you-only-need-to-test-with-5-users/

'사용자가 무엇을 싫어하는지 이야기를 듣고 나서 고칠 예정이다'라는 생각으로 제품을 테스트하지 않는 경우가 너무 많다. 문제는 사용자가 당신에게 말해 주지 않는다는 점이다. 그들은 말없이 떠나 버린다. 웹과 애플리케이션 스토어상에서 선택 가능한 무한대에 가까운 상품, 서비스, 무수히 많은 기기는 사용자가 계속해서 머물고, 불만을 이야기하고, 제품 개선을 위해 당신을 도와줄 인센티브가 전혀 없다는 것을 의미한다.

사용자가 대안으로 전환하는 비용은 거의 제로에 가깝다. 경쟁 제품을 재빠르게 검색하고서 그들은 영원히 사라진다. 실제 사용자와 함께 테스트하고 그들의 이야기를 경청하라. 그렇게 하면 당신은 그들이 좋아할 무언가를 만들게 될 것이다.

학습 포인트

- 제품을 조기에 목표 고객 내의 실제 사용자와 테스트하라.
- 각기 다른 인종, 연령, 성별, 배경을 가진 다양한 그룹과 테스트하라.
- 소규모 그룹으로 테스트해도 커다란 이득을 얻을 수 있다.

#7

아무도 브랜드에 관심 없다

브랜드를 시각적 아이덴티티의 의미에서 말하는 것이 아니다. 멋진 로고, 워드마크^{wordmark} 또는 테그라인^{tagline}은 훌륭한 아이디어다. 나는 현대적 의미에서 브랜드를 말하는 것이다. 지난 10여 년간 모호한 정의가 아주 흔해졌다.

브랜드라는 단어는 회사를 넌지시 암시하거나 기업 또는 제품의 특성을 의미하기 시작했다. 그것은 제품, 서비스 그리고 필연적으로 이러한 제품들의 핵심 기능과 인터랙션하는 '느낌'으로 여겨진다.

다국적 브랜딩 기업과 광고 에이전시에서 10년 넘게 개발한 이 접근법의 문제는 우리가 UX라고 하는 것에 대한 원칙을 이미 갖고 있다는 점이다. 제품을 브랜드(단어의 현대적 의미)에 충실하게 공들여 제작함으로써 우리는 UX에 대한 제어권을 UX 전문가가 아니라 마케팅 및 브랜딩 팀에 양보하게 된다.

10억 명의 고객을 지닌 메가 브랜드에 대해 말하는 것이 아니다. 애플^{Apple}, 구글^{Google}, 코카콜라^{Coca-Cola}, 마이크로소프트^{Microsoft}, 나이키^{Nike} 등은 엄청나게 크고, 그들의 브랜드가 너무 강력하기 때문에 브랜드가 그들의 제품 디자인 방식에 영향을 미치고 있으며 또 그래야만 한다.

수천 또는 수만 명의 고객을 거느린 당신의 브랜드 또는 작은 회사, 제품, 아니면 새로 시작한 스타트업^{start-up}이라면 어떠할까? 아무도 신경 쓰지 않는다. 가혹하게 들리겠지만 사실이다. 당신의 사용자 중에 그 누구도 당신의 브랜드에 관심이 없다. 그들은 당신의 제품이나 서비스를 통해 무엇을 할 수 있는지에 관심을 갖는다. 당신의 제품이 어떻게 그들의 삶을 향상시키고, 그들의 생산성을 높여 주는지에 신경 쓴다.

당신의 제품을 사용한 경험이 당신의 브랜드이며, 이것은 마케팅 팀이 아닌 UX 담당자에 의해 디자인돼야 한다. 이것은 엄격하게 브랜드 가이드를 준수해야 하는 크고 육중한 공룡에 대항하는 당신만의 경쟁 우위이기도 하다.

브랜드 가이드가 당신의 제품을 망치게 하지 마라.

- **읽기 힘든 브랜드 서체**: 기본 시스템 폰트를 사용하라.
- **브랜딩이 적용된 스플래시 화면**: 애플리케이션을 그냥 보여 줘라.
- **별도로 개발한 악몽 같은 UI 컨트롤**: 아이고, 내가 본 것들...
- **끔찍하고, 안 읽히는 명암비**: 제품에 적합하지 않다면 브랜드 팔레트를 고수하지 마라.
- **쓸데없이 별난 카피**: 스무디 병 옆면에 있는 '괴상한' 유머. 요점만 말하라!

브랜드는 일관성 강화에 도움이 되지만, 당신이 제대로 된 디자이너라면 브랜드 가이드 없이도 일관된 UI를 개발하는 방법을 알고 있을 것이다. 브랜드는 다 헛소리다. 그러니 UX에 집중하고 경험이 브랜드가 되게 하라.

학습 포인트

- 아무도 당신의 브랜드에 신경 쓰지 않고, 제품을 통해 무엇을 할 수 있는지에만 관심을 쏟는다.
- 좋은 UX가 좋은 브랜드보다 낫다.
- 브랜드 가이드가 아니라 사용자를 위해 싸워라.

서체

서체는 사용자에게 논리적이고 이해하기 쉬운 방식으로 제품에 대해 설명 가능한 시각적 계층 구조를 만드는 데 도움이 되며, 이는 결과적으로 사용자의 목표 달성을 거들 수 있다. 제대로 설계된 서체는 제품에 보다 전문적이고 세련된 스타일을 부여해서 사용자에게 신뢰와 확신을 심어 줄 수 있다.

#8

두 가지 이상의 서체를
사용하지 마라

혼동하는 경우가 굉장히 잦은데, 서체typeface와 글꼴font은 다르다. '제대로된' 디자인 전문가는 이를 '서체'라고 부르는 데 반해, 글꼴은 소프트웨어가 서체를 표시하기 위해서 사용하는 기기상의 파일이다. 글꼴이 팔레트의 페인트라면 서체는 캔버스 위에 그려진 걸작이다.

예를 들어 헬베티카Helvetica는 가장 널리 사용되는 서체 중 하나지만, 글꼴은 해당 글꼴 계열 내의 특정 상형문자glyph 세트다(예. Helvetica Condensed Bold, 10pt).

그럼에도 디자이너들은 제품에 너무나 많은 서체를 추가하곤 한다. 최대 2개의 서체를 사용하는 것을 목표로 해야 한다. 하나는 제목, 또 다른 하나는 면밀하게 읽힐 수 있는 본문 용도로 사용한다.

강조를 위해서는 다른 글꼴 계열로 변경하지 말고 동일 글꼴 계열 내에서 굵기와 이탤릭체를 활용하라. 일반적으로 제목에는 기업의 브랜드 글꼴을 사용하지만, (명확하게 읽을 수 있어야 하는) 대화 상자와 애플리케이션 내부 문구에는 보다 검증된 읽기 쉬운 서체를 유지한다.

지나치게 많은 서체를 사용하는 것은 과도한 시각적 '소음noise'을 생성시키며, 사용자가 눈앞에 보이는 것을 이해하기 위해 기울여야 하는 노력을 증가시킨다. 게다가 맞춤형으로 디자인된 다수의 브랜드 서체는 대개 가독성이 아니라 강력한 시각적 임팩트를 염두에 두고 제작된다.

학습 포인트

- 최대 2개의 서체를 사용하라.
- 하나는 제목 용도다.
- 다른 하나는 본문 용도다.

#9

사용자의 컴퓨터에 설치된 글꼴을 사용하라

물론 당신의 기업 브랜드 글꼴은 멋지다. 브랜드 글꼴은 아주 매력적이지만, 서버에서 다운로드되고 렌더링^{rendering}돼야 하므로 페이지를 표시하는데 4초가 지연된다. 로딩되는 동안에는 아무것도 표시되지 않는데, 이는 사용자를 미치게 만든다.

별도로 제작한 글꼴을 제목에 사용해도 괜찮다. 이는 제품을 브랜딩하고 얼마간의 시각적 흥미를 추가하는 데 도움이 된다. 하지만 이를 본문 문구에 사용하는 것은 일반적으로 좋지 않은 생각이다.

첫 번째로 이러한 글꼴은 구글 폰트^{Google Fonts}, 타이프킷^{Typekit}, 자체 CDN ^{Contents Delivery Network} 또는 어딘가에서 로드돼야 한다. 이는 글꼴 파일이 사용자 기기에 다운로드되는 데 추가적인 시간이 소요된다는 것을 의미한다. 콘텐츠가 가득한 페이지는 올바른 글꼴 파일이 다운로드되고 렌더링되는 동안에 종종 깨져 보이게 된다. 이를 **화면 깜빡임**^{FOUC, Flash Of Unstyled Content} 또는 FOUT, Flash Of Unstyled Text이라고 부른다.

두 번째로 아주 멋진 본문 서체를 지정하는 것으로 최종 결과를 어느 정도 관리할 수 있다고 믿고 있다면 다시 생각해 보라. 반응형 디자인, 장애인을 위한 보조 기술, 1,000개가 넘는 다양한 기기에서 당신의 페이지는 제각각 다르게 보일 것이다.

다행히 사용자가 폰^{phone}이나 데스크톱을 쓰고 있다면 윈도우^{Windows}나 맥^{Mac} 또는 리눅스^{Linux}에 보기 좋고 가독성이 좋은 글꼴들이 이미 설치돼 사용 가능하다. '시스템 글꼴 모음'은 최신 브라우저에서 글자를 시스템에 기본 설치된 서체로 렌더링하라고 명령하는 CSS^{Cascading Style Sheet} 규칙이다.

대부분의 경우 시스템 기본 글꼴을 사용하면 페이지를 더 신속하게 표시하고, 글자를 더 선명하게 만들며, 가독성을 높여 준다.

다음 CSS 코드는 브라우저에서 텍스트를 일반적으로 사용되는 세 가지 스타일 중 하나로 표시하도록 지시하며, 기기에 내장된 글꼴 파일만 사용한다.

- **헬베티카나 푸투라**Futura**와 같은 산세리프**sans-serif **서체**: 대부분의 최신 사이트 및 애플리케이션은 산세리프 서체를 사용한다.

```
font-family: -apple-system, BlinkMacSystemFont,
avenir next, avenir, segoe ui, helvetica neue,
helvetica, Ubuntu, roboto, noto, arial, sans-serif;
```

- **세리프**serif **서체**: 각 글자에 작은 '갈고리'(세리프라고 부름)가 달려 있는 보다 '전통적인' 모습의 서체다.

```
font-family: Iowan Old Style, Apple Garamond,
Baskerville, Times New Roman, Droid Serif, Times,
Source Serif Pro, serif, Apple Color Emoji, Segoe
UI Emoji, Segoe UI Symbol;
```

- **고정폭**monospace **서체**: 각 문자 사이의 간격이 동일하기 때문에 그렇게 불리며, 코드 예제의 가독성을 높이기 위해 디자인됐다.

```
font-family: Menlo, Consolas, Monaco, Liberation
Mono, Lucida Console, monospace;
```

가급적 시스템 글꼴 모음을 사용하라.

학습 포인트

- 사용자가 이미 보유한 시스템 기본 글꼴을 사용하라.
- 시스템 글꼴은 일반적으로 별도로 제작한 글꼴보다 렌더링이 더 잘 된다. 그리고 비영어권의 다양한 언어에 대한 싱칭문제도 포함한다.
- 기본 글꼴 사용은 페이지 로드 시간을 단축시킨다.

#10

글자 크기와 굵기를 사용해서
정보 체계를 표현하라

이는 생각을 구조화하는 간단하고 효과적인 방법이며, 다양한 사용자에게 구조를 쉽게 이해시킬 수 있다. 가상의 '캘린더' 애플리케이션 사용자 인터 페이스에서 이 방법을 사용하지 않은 예제를 살펴보자.

그림 10.1: 이 예제는 팝업 창의 모든 글자를 동일한 크기와 굵기로 표시한다.

글자 크기를 눈에 띄게 수정하는 것만으로도 사용자에게 가장 중요한 정보를 먼저 보여 줄 수 있다.

그림 10.2: 이 예제는 다른 글자 크기(또는 두께)를 사용하는 것이 정보 구별에 어떻게 도움이 되는지 보여 준다.

사용자에게 먼저 보여 주길 원하거나 사용자에게 가장 유용하다고 생각되는 정보의 크기를 키워라. 그러고 나면 사용자가 이어서 추가적인 세부 사항을 읽을 수 있다.

또 다른 옵션은 이 예제에서 사용한 크기 대신에 글자의 굵기를 사용하는 것이다. 굵은 서체, 보통 서체, 얇은 서체를 선택하면 서체 크기를 변경하는 것과 유사한 효과가 있지만, 스크린 공간에 대한 부담은 줄어든다.

그림 10.3: 세 가지의 다른 굵기, 크기는 모두 동일

많은 뉴스 및 사실적 저널리즘 사이트에서는 다음과 같은 포맷이 자리 잡았다.

> ### 뭔가를 전하는 표제
>
> *맥락을 더하고 더 많은 질문을 던지는 부제*
>
> 본문은 세부 사항을 점진적으로 덧붙여서 스토리를 확장시킨다.
> 보다 덜 중요한 상세 정보를 확인하려면 끝까지 계속해서 읽어라.

동일한 기법을 사용자 인터페이스 디자인에 적용하면 큰 효과를 얻을 수 있다.

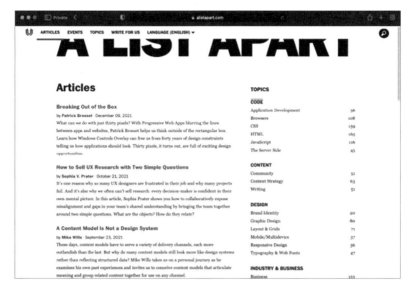

그림 10.4: 'A List Apart'라는 디자인 블로그는 글 목록에서 서체 체계를 사용해 뛰어난 효과를 보고 있다.

 균형을 찾고 이를 과용하지 마라. 페이지에서 크게 보이는 요소가 너무 많다면 체계와 강조의 의미를 상실하게 된다. 모든 것이 중요하다면 중요한 것은 없는 셈이다.

학습 포인트

- 글자의 크기와 두께는 사용자에게 정보의 중요도를 보여 준다.
- 적어도 2개, 하지만 3개는 넘지 않는 글자 크기를 사용하라.
- 사용자에게 어떤 정보가 가장 중요할지 고려하라.

#11

본문에는 합리적인
기본 크기를 사용하라

고객은 애플리케이션이나 사이트에서 수많은 글을 읽게 될 것이다. 그렇다면 글자의 크기는 얼마나 커야 할까?

고정된 크기의 글자를 사용하던 시기는 이미 지났다. 대부분의 데스크톱 및 모바일 브라우저에서는 사용자가 글자 크기를 변경하고, '읽기 모드'로 전환하고, 큰 글자 및 고대비high-contrast 컬러와 같은 시스템 전체의 접근성 설정을 적용할 수 있다.

이를 염두에 두고 여기서 해야 하는 일은 제품을 처음 켰을 때 등장하는 기본 글자 크기를 정하는 것이다. 원칙적으로는 읽기 쉬울 정도로 글자가 커야 하지만, 사용자에게 부담을 주거나 공간을 지나치게 많이 차지해서 빡빡하게 보일 만큼 크면 안 된다.

본문 글자 크기 16px, 줄 간격 1.5, 자간 '자동auto' 또는 '기본default'은 안전한 선택이며, 대다수의 사용자에게 적절한 기본값이다.

이는 다음의 CSS를 통해 쉽게 구현 가능하다.

```
body {
    font-size: 16px;
    line-height: 1.5;
}
```

본문에 대해 자신만의 독특한 간격을 설정하려는 노력은 대체로 불필요하다. 왜냐하면 브라우저가 당신보다 글자 렌더링을 더 잘하기 때문이다.

학습 포인트

- 본문 글자 크기 16px, 줄 간격 1.5, 자간 '자동' 또는 '기본'은 읽기 쉬운 글을 위한 '최적의 조합'이다.
- 사용자가 자신의 기기에서 글자의 크기를 키우거나 줄일 수 있게 하라.
- 사용자가 자신의 니즈에 맞춰 콘텐츠를 표시할 수 있게 하라.

컨트롤

UX 및 UI 디자인에는 다양한 유형의 컨트롤(control)이 있다. 가장 일반적인 것으로는 버튼(button), 체크박스(checkbox), 슬라이더(slider), 텍스트 필드(text field)가 있다. 이러한 컨트롤들은 용도가 서로 다르므로 당면한 태스크(task)에 적합한 컨트롤을 선택하는 것이 매우 중요하다.

#12

줄임표를 사용해서
다음 단계가 있다는 것을 알려라

사용자가 '삭제[remove]' 버튼을 보면 그 버튼을 눌렀을 때 어떤 일이 생긴다고 생각할까?

- 지금 보고 있는 '항목'을 삭제한다?
- 어떤 '항목'을 삭제해야 하냐고 묻는다?
- 정말로 그 '항목'을 삭제하길 원하냐고 묻는다?
- 모든 항목을 즉시 삭제한다?

버튼의 레이블을 '삭제...'라고 지으면 모든 항목이 삭제되기 전에 또 다른 단계가 존재한다는 것을 사용자가 알아챌 것이다. 대부분의 사용자는 레이블을 보면서 이 버튼이 여러 단계로 구성된 프로세스의 첫 부분이며, 액션을 확정하거나 취소하는 두 번째 단계가 존재할 것이라고 추론하게 된다. 액션을 수행하기 위한 추가 단계가 필요하다면 컨트롤에 줄임표(...)를 포함시켜라.

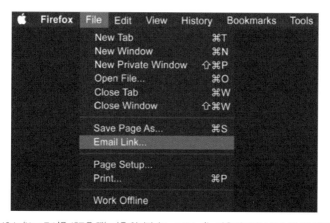

그림 12.1: 'New Tab'은 새로운 탭(tap)을 열지만, 'Email Link'는 다음 단계에서 추가 정부를 요구한다.

이 작은 점들은 보이지 않는 디자인의 좋은 예제다. 대다수의 사용자는 이를 인식조차 하지 못하겠지만, 그 점들은 사용자 경험이 지속적으로 형성되는 동안에 미묘한 메시지를 전달한다. 방해하지 않으면서 '그저 작동한다.'

학습 포인트

- 사용자가 추가적인 액션을 수행해야 할 경우 줄임표를 표시하라.
- 줄임표는 액션을 확정하는 추가 단계가 있다는 더 강한 확신을 사용자에게 줄 수 있다.
- UI에서 줄임표의 의미를 사용자가 무의식적으로 학습했을 수 있지만, 제품을 테스트하는 동안에 이를 검증해야 한다.

#13

인터랙티브 요소를 명확하고 쉽게
찾을 수 있게 만들어라

마이크로소프트의 메트로Metro 사용자 인터페이스에서 시작된 플랫flat 디자인 미학은 2000년대 말에 보편화됐다. iOS 7과 안드로이드Android의 머티리얼 디자인에서도 이처럼 극도로 단순한 비주얼은 여전히 최신 웹 애플리케이션에서 즐겨 찾는 스타일이다.

그러나 2000년대 후반의 플랫 디자인은 더 많은 시각적 어포던스affordance1를 도입하기 위해 수년간 '완화'됐다. 플랫 디자인은 수년 동안 사용자 테스트에서 혹평을 받아왔다. 플랫 디자인은 본질이 아닌 스타일이며, 사용자가 제품을 사용하면서 겪는 모든 인터랙션에서 더 많이 고민하게 만든다. 고객이 버튼을 찾기 어렵게 만들지 마라.

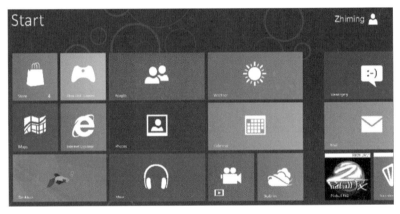

그림 13.1: '무엇이 클릭 가능한가?'를 알 수 없는 '메트로' 사용자 인터페이스

UI에는 인터랙션이 가능한 부분이 있지만, 사용자는 어떤 부분들이 그러한지 알지 못하거나 이를 알아내는 데 시간을 할애하고 싶어하지 않는다. 그들은 엘리베이터, 오븐, 자동차와 같은 실생활에서 수없이 버튼을 사용해왔기 때문에 버튼의 작동 방식을 이해하고 있다.

---

1   일종의 힌트 - 옮긴이

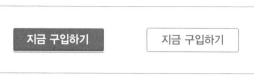

그림 13.2: 질감 및 유사 3D 그림자와 같은 시각적 어포던스를 보여 주는 버튼(왼쪽)은 이러한 효과가 빠져 있는 버튼(오른쪽)보다 사용자 테스트에서 더 효과적으로 작동한다

실생활에서의 사례를 끌어들이면 명확하고 금세 익숙해지는 UI 버튼을 만들 수 있다. 사람의 시각 시스템은 깊이를 볼 수 있게 조정돼 있기 때문에 UI에서 깊이 효과를 제거하는 것은 사용자를 위한 정보 레이어 전체를 삭제하는 것과 마찬가지다.

실생활에서의 버튼들은 누를 수 있게 생겼다. 눌렸을 때 올라오거나 또는 명확하게 움직인다. 예를 들어 표시등이 있다면 활성화된 경우에 보다 명확하게 알려 준다. 이러한 기능을 당신의 UI에 적용시켜야 한다.

물론 그 반대의 경우도 마찬가지다. 주차장 기계와 커피 기계에 있는 납작한 정전식 버튼처럼 누를 수 있어 보이지 않는 버튼도 있다. 이런 버튼에는 대체로 '티켓을 받으려면 여기를 누르세요'라고 적힌 스티커가 붙어 있다.

실생활에서의 영감을 사용해서 어포던스를 만들어 내면 신규 사용자도 컨트롤을 금세 알아챌 수 있다.

제이콥 닐슨Jakob Nielsen의 두 번째 사용성 휴리스틱heuristic인 '시스템과 현실을 일치시켜라'와 마찬가지로 시스템의 콘셉트는 사용자가 현실 세계에서 이미 익숙한 콘셉트에 매핑mapping돼야 한다.

 닐슨의 두 번째 휴리스틱에 관한 더 자세한 정보는 다음을 참고하라.
https://www.nngroup.com/articles/match-system-real-world/

시각적 힌트를 제공해서 사용자가 버튼을 보고 이것을 탭하거나 클릭할 수 있는지를 바로 알 수 있게 만들어라.

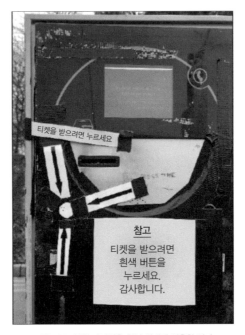

그림 13.3: 플랫 디자인을 현실 세계에 적용한 결과

마지막으로 그 반대도 마찬가지다. 버튼이 아닌 요소를 버튼처럼 보이게 만들지 마라.

이 장에서 '버튼'에 대해 많이 언급했지만, 모든 인터랙티브 요소에서도 마찬가지다. 어포던스가 거의 없이 잘못 설계된 컨트롤은 다음과 같다.

- **아코디언 컨트롤:** 플러스(+) 또는 마이너스(-), 아코디언을 여는 것인가? 아니면 목록에 항목을 추가하는 것인가?
- **슬라이더:** 너무 작거나 시각적으로 명확하게 구분되지 않는 핸들

- **양식 입력 필드**: 단순히 빈 사각형을 만드는 것만으로는 '여기에 데이터를 입력하세요!'라고 사용자에게 알리기에는 미흡하다.

그림 13.4: 다음 중 보다 신속하게 접근 가능하고, 사용하기 쉽고, 사용자에게 친숙한 사용자 인터페이스는 무엇인가?

학습 포인트

- 버튼을 버튼처럼 보이게 만들어라.
- 인터랙션이 가능한 것은 그렇게 보이게 만들어라.
- 실생활 경험에서 아이디어를 빌려 와서 UI에 적용하라.

#14

버튼을 적절한 크기로 만들고
기능에 따라 그룹핑하라

미국의 심리학자인 폴 피츠Paul Fitts는 1954년에 「운동의 진폭 제어에서 인간 운동신경의 정보 역량The information capacity of the human motor system in controlling the amplitude of movement」(https://www.ncbi.nlm.nih.gov/pubmed/13174710)이라는 제목의 논문을 『실험 심리학 저널Journal of Experimental Psychology』에 기고했다. 피츠의 연구는 인간 행동에 대해 가장 잘 연구된 모델 중 하나일 것이다.

피츠의 법칙을 심리학자가 아닌 UX 사람들에게 간단히 설명하자면 핵심 콘셉트는 다음과 같다.

> 목표 영역으로 재빨리 이동하는 데 걸리는 시간은 목표까지의 거리와 목표의 크기 간의 비율과 함수 관계에 있다.

사용자 인터페이스를 개발 중이라면 이렇게만 하면 된다. 버튼을 충분히 크게 만들고, 기능별로 묶어서 사용자가 효율적으로 찾고 버튼 사이를 이동 가능한 방식으로 배치하라.

그림 14.1: 어떤 것이 사용하기 쉽고 잘못 클릭할 가능성이 낮은가?

디자이너가 데스크톱 인터페이스를 모바일로 '축소'할 때 이 규칙을 가장 자주 잊어버린다. 컨트롤은 여전히 누르기에 적절한 크기여야 한다는 점을 고려하지 않고 말이다(#73, 탭 가능 영역을 손가락 크기로 만들어라 참고).

안티 패턴anti-pattern[1]의 좋은 예는 팝업 창을 닫는 작은 'x' 버튼이다. 광고주는 당신이 광고를 닫는 것을 원치 않는 것 같다.

학습 포인트

- 쉽게 탭하거나 클릭할 수 있도록 버튼을 충분히 크게 만들어라.
- 작은 화면에 맞춰 디자인할 때 컨트롤은 충분히 커야 한다는 점을 명심하라.
- 버튼을 너무 근접하게 배치해서 잘못된 클릭을 유발하지 마라.

---

1   자주 사용되지만 비효율적이라 사용을 피해야 하는 것 – 옮긴이

#15

텍스트뿐만 아니라 버튼 전체를
클릭 가능하게 만들어라

이것은 내가 개인적으로 아주 싫어하는 것이지만, 여기서 언급해야 할 만큼 매우 빈번하게 목격된다. 버튼에는 대체로 텍스트가 포함되는데, 개발자는 종종 버튼 전체가 아니라 텍스트만 클릭 가능하게 만든다. 이는 텍스트에서 몇 픽셀 떨어진 곳(버튼이긴 하지만)을 누르면 아무 일도 일어나지 않는다는 것을 의미한다.

우리는 대개 '내가 클릭하지 않았나?'라는 생각을 하게 된다. 실제 버튼의 동작을 모방한 것이라면 진짜 버튼처럼 작동하게 만들어라. 버튼이 성공적으로 클릭(또는 탭)됐다는 피드백을 사용자에게 제공하는 것이 한 예다. 그림자의 변화, 1픽셀pixel 정도 '아래로' 움직이는 약간의 움직임 또는 미묘한 오디오 효과가 진짜 버튼을 누르는 듯한 느낌을 줄 수 있다.

모든 인터랙티브 요소는 사용자가 해당 컨트롤과의 인터랙션 상태를 추측할 수 있도록 미세한 시각적 차이를 가진 기본, 활성화, 호버hover1, 비활성화 상태를 가져야 한다.

데스크톱 사용자에게 '손 포인터'를 보여 주는 것으로 보너스 점수를 얻을 수 있다. 엉성한 CSS 코드는 일부 웹 애플리케이션에서 이를 보여 주지 않는 것을 의미하며, 이는 용서할 수 없는 것이다.

---

1   마우스를 올려 둔 상태 - 옮긴이

학습 포인트

- 버튼은 버튼처럼 보이고 작동해야 한다. 버튼의 어떤 부분을 눌러도 기능이 실행돼야 한다.
- 데스크톱에서 마우스를 버튼 위에 올리면 포인터가 손 모양으로 바뀌게 만들어라.
- 버튼이 클릭됐다는 시각적 피드백을 사용자에게 제공하라. 모바일에서는 피드백이 오디오나 진동이 될 수 있지만, 데스크톱에서는 이러한 피드백은 피하라.

#16

새로운 컨트롤을
제멋대로 만들지 마라

그 예는 다음과 같다.

- 차량 컬러를 선택하는 유사 3D 휠^{wheel}
- '회전'하려면 클릭하고 위아래로 드래그해야 하는 볼륨 다이얼
- 특정 액션을 실행시키려면 클릭하고서 몇 초간 누르고 있어야 하는 버튼

이런 것들을 발명하지 마라. 디자이너로서 우리에게는 선택 가능한 다양한 컨트롤 팔레트가 이미 있다. 새로운 UI 컨트롤을 만들 생각이라면 사용자가 또 다른 인터페이스 패턴을 학습하는 것이 얼마나 힘든 일이 될지를 떠올려 보고 제발 그만둬라. 장담하건대 당신이 하고자 하는 것을 구현하는 방법이 이미 있다.

하지만 때로는 뭔가 새로운 것이 UI에서 등장한다. 2008년으로 돌아가 보면 로렌 브리처$^{Loren\ Brichter}$는 '잡아당겨서 새로 고침$^{pull-to-refresh}$'이 일어나는 독특한 인터랙션이 제공되는 **트위티**^{Tweetie}라고 불리는 트위터^{Twitter} 애플리케이션을 만들었다. 뷰를 아래로 잡아당기면 '새로 고침하려면 손을 떼 주세요'라고 표시되며, 놓으면 빙글빙글 도는 스피너^{spinner}가 보인다. '잡아당겨서 새로 고침' 인터랙션은 트위티를 인수한 트위터에 포함됐으며, iOS 및 안드로이드의 수많은 애플리케이션에도 적용됐다.

최신의 인터랙션 패턴으로는 데이트 애플리케이션에서 '오른쪽으로 스와이프^{swipe}'해 미래의 파트너를 선택하고 인스타그램^{Instagram}에서 '더블 탭해서 좋아요'로 찬사를 얻는다. 보다시피, 사용자에게 혼란을 주지 않고 작동하는 새로운 것을 발명하는 것은 규칙이라기보다는 예외다.

그러니까 엄청나게 좋은 것이 아니라면 새로운 컨트롤을 만들어 내지 마라.

학습 포인트

- 자신만의 UI를 만들어 내지 마라.
- 당신이 하고자 하는 것을 수행해 주는 UI 컴포넌트가 거의 다 존재한다.
- 당신이 만든 새로운 것을 사용자가 학습하게 하지 마라.

#17

검색은 텍스트 필드와
'검색'이라고 적힌 버튼으로
구성돼야 한다

검색은 수년에 걸쳐 과도하게 디자인돼 왔다. 흔한 안티 패턴 중 하나는 검색 실행 버튼만 표시하는 것이다. 사용자의 속도를 늦추고 단계를 하나 더 추가해서 입력 필드를 제거할 수 있지만, 이렇게 하면 익숙함과 사용 편의성이 훼손된다.

사용자에게 검색 기능을 제공한다면 검색 버튼과 함께 텍스트 필드를 표시하라. 아이콘을 사용한다면 '돋보기' 아이콘을 사용하라. 이것이 일반적인 형태이며, 다른 것을 쓰는 것은 말도 안 되는 일이다.

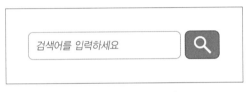

그림 17.1: 검색 기능의 '표준'

플레이스홀더placeholder 텍스트(위의 예에서 '검색어를 입력하세요')는 필수적이며 UI 문구에서 종종 간과되는 부분이다. 선별된 몇 개의 단어를 통해 UX 디자이너는 사용자에게 유용한 힌트와 맥락을 제공할 수 있다. 예를 들어 '검색어를 입력하세요'는 사용자가 데이터셋 안에서 검색하는 것을 의미하지만, '결과 필터링하기'는 사용자가 이미 보고 있는 데이터를 제한하고 있음을 뜻한다.

접근성과 관련해 주의를 기울여야 한다. 플레이스홀더 텍스트는 가독성이 있고 대비가 약하지 않아야 하며, 적절한 양식 레이블을 플레이스홀더 텍스트로 대체하지 않도록 하라. 그것은 양식 레이블을 대체하는 것이 아니라 추가된 보녀스다.

입력하는 즉시 결과를 사용자에게 보여 주는 **인스턴트 검색**instant search은 별도의 검색 결과 페이지를 제공하는 것보다 더 나은 경우가 많다. 즉각적인 결과는 분명히 더 즉각적이며, 사용자가 제품 내에서의 흐름을 끊지 않고 결과를 탐색할 수 있게 해준다

모바일 폰 스크린의 경우 검색 필드를 표시하기에 충분한 공간이 나오지 않을 수도 있다. 하지만 가급적 테스트해 보는 것을 적극 권장한다. 스크롤링 뷰의 상단에 검색 필드를 집어넣는 것이 효과적일 수 있다.

그림 17.2: '아래로 잡아당긴' 경우에만 리스트 뷰 상단에 표시되는 검색

보너스 포인트: 사용자가 모바일 애플리케이션에서 **검색** 탭을 누르면 검색 뷰를 표시하고, 검색 필드로 커서를 이동시켜서 기기의 키보드를 보여 줘라.

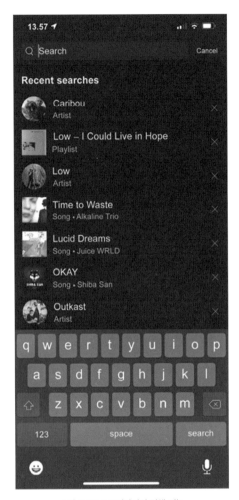

그림 17.3: 스포티파이의 검색 기능

스포티파이^{Spotify}에서 **검색**^{Search}을 탭하면 포커스가 입력에 가 있고 키보드
가 표시된 검색 뷰로 바로 이동하며, 최근 검색도 포함된다.

학습 포인트

- 검색은 입력 필드와 검색 버튼으로 구성돼야 한다.
- 검색에는 '돋보기' 아이콘만 사용하라.
- 모바일에서 검색 냅이 눌리면 포커스를 **검색** 필드로 이동시켜라.

#18

슬라이더는
수량화할 수 없는 값에만
사용해야 한다

디자이너: '오, 멋져. UI 세트에 진짜 근사한 슬라이더가 있네. 다 이걸로 써 봐야겠다!'

사용자(값을 설정하려고 하는 중): *폰을 박살낸다.*

그림 18.1: 86을 선택하려고 했다.

작은 터치스크린touchscreen에서 슬라이더로 값을 설정하려 한 적이 있다면 앞선 시나리오가 친숙하게 느껴질 것이다. 데스크톱에서 마우스로 해보려고 해도 이건 정말 짜증나는 일이다.

슬라이더 컨트롤은 구체적인 숫자 값을 설정하는 데 절대 사용해서는 안 된다. 하지만 볼륨 조절, 밝기 및 컬러 믹스 값처럼 정성적인 값을 선택하는 경우에는 사용 가능하며, 이때는 실제 숫자 값이 정확할 필요가 없다.

정확한 숫자가 필요한 경우에는 #19, '정확한 숫자를 위해서는 숫자 입력 필드를 사용하라'를 참고하라.

학습 포인트

- 슬라이더 컨트롤은 구체적인 숫자 값을 설정하는 데 절대 사용해서는 안 된다.
- 볼륨이나 밝기처럼 정확한 값이 필요하지 않은 경우에 정성적인 설정을 조정하는 데 슬라이더를 사용하라.
- 슬라이더 컨트롤은 사용자의 포인팅 기기로 쉽게 잡을 수 있도록 적절한 크기로 만들어라.

#19

정확한 숫자를 위해서는
숫자 입력 필드를 사용하라

예를 들어 주문하려는 위젯widget 수량이나 이벤트를 진행하는 날짜 수와 같이 정확한 숫자(정수)를 입력받고자 한다면 형식이 규정되지 않은 텍스트 입력 필드를 제공해서 사용자가 '몇 개' 또는 이모티콘을 입력하게 둬서는 안 된다. HTML에서 수자 입력 필드는 다음과 같다.

```
<input type="number">
```

이는 기기에 따라 다소 다르게 표시될 것이며, 그것이 요점이다. 클라이언트 기기의 컨트롤 시스템에 맞춰, 사용자는 더 간편하게 입력하고 실수를 줄이게 된다. 당신의 데이터베이스에서도 이모티콘이 줄어든다.

사용자는 다음과 같은 이유로 입력을 포기한다.

a. 너무 길다.
b. 지나치게 세세한 것을 묻는다.
c. 정보 입력이 어렵다.

여기서의 커다란 장점은 사용자에게 데스크톱과 모바일 모두에서 신속하고 손쉬운 숫자 입력 방식을 제공해서 입력 전환율을 개선하는 것이다.

학습 포인트

- 숫자 입력 컨트롤은 특정 숫자 값 설정에 사용돼야 한다.
- 브라우저 또는 기기가 최적의 입력 방식을 선택하게 하라. 당신만의 숫자 입력 컨트롤을 만들지 마라.
- 입력 양식은 사용자에게 콘텐츠 소비보다 더 많은 노력을 요구한다. 따라서 입력이 필요한 '항목'의 수를 최소화하라.

#20

**옵션이 많지 않다면
드롭다운 메뉴를 사용하지 마라**

사용자 인터페이스에서 드롭다운drop-down 메뉴는 클릭하면 펼쳐져서 다양한 옵션을 보여 주도록 설계됐다. 드롭다운 메뉴는 옵션이 굉장히 많은 경우에 맞춤 제작하기에 알맞다.

하지만 드롭다운 메뉴를 운영하는 데에는 간섭 비용이 발생한다. 사용자가 클릭해서 열고, 정확한 항목을 찾고자 스크롤하고, 클릭해서 선택해야한다. 더 작은 화면을 사용하는 모바일 기기에서는 이러한 과정이 훨씬 더느리게 진행될 수 있다.

옵션이 2~3개밖에 안 된다면 성급하게 드롭다운 메뉴를 사용하지 마라. 다른 종류의 컨트롤(단일 선택용 라디오 버튼이나 슬라이더 등)을 사용해서 옵션들이 더 잘 보일 수 있는지 잘 생각해 보라.

그림 20.1: 안티 패턴: 여기서 치즈는 드롭다운이 아니라 토글(toggle)이어야 한다.

옵션을 랜덤random이 아닌 알파벳 순서나 숫자와 같이 합리적인 순서로 정렬하라. 건물의 층수를 알파벳 순서로 배치해서 사용자에게 선택하게 만드는 애플리케이션이 되면 안 된다. 'First, Fourth, Ground, Second, Third.' 정말이다, 내가 이런 애플리케이션을 직접 봤다!

예를 들어 국가 선택처럼 아주 긴 드롭다운은 간단한 검색이나 필터 컨트롤의 이점을 얻을 수 있다. 'U'를 입력하면 'Ukraine, United Arab Emirates, United Kingdom'만 보여 주는 것이다. 이를 통해 사용자는 원하는 섹션으로 건너뛸 수 있다.

모바일 사용자는 실제로 이 부분에서 유리한 위치에 있다. 대부분의 모바일 운영체제는 전체 폭을 사용하는 '피커picker' 컨트롤로 드롭다운 선택을 보여 주므로 작은 터치스크린에서 훨씬 쉽게 사용할 수 있다.

그림 20.2: 모바일 '피커' UI로 혈액형 선택하기

학습 포인트

- 드롭다운 메뉴는 짜증을 유발할 수 있으므로 꼭 필요한 경우에만 사용하라.
- 아주 긴 드롭다운에서는 검색 기능은 제공하라.
- 드롭다운은 모바일 애플리케이션에서 특화된 UI를 활용할 수 있으므로 유용할 수 있다.

#21

사용자가 파괴적인 액션을
취소할 수 있게 하라

ohnosecond(https://en.oxforddictionaries.com/definition/ohnosecond)는 끔찍한 실수를 했다는 것을 깨닫는 찰나의 순간을 말한다. 가슴이 무너져 내리고, 부들부들 떨리는 손을 키보드에서 떼고 몸은 굳어 버린다. 이 공포스러운 순간은 고객의 기록을 삭제했거나, 보스에 대한 솔직한 생각을 보스에게 직접 이메일로 보냈거나, 꼭 필요한 하나만 사려 했는데 111개의 상품을 '바로 구매하기' 버튼을 눌렀을 때가 될 수 있다.

최고의 애플리케이션은 실행 취소^{undo} 컨트롤을 제공하거나 액션이 확정되기에 앞서 편집 가능하게 해줌으로써 사용자가 그러한 액션들을 되돌릴 수 있게 해 준다. 구글의 지메일^{Gmail}은 한동안 선택적인 '발송 취소' 기능을 제공했다. 발송 메시지를 20초 동안 '버퍼^{buffer}'에 저장해 두면서 발송 취소가 가능한 잠시 동안의 유예 기간을 줬다. 이를 무시하면 메시지는 얼마 안 지나 발송된다. 이 특별한 기능은 나를 여러 차례 구해 줬다.

사용자는 모든 액션을 취소하고 실수를 만회할 수 있다는 것을 알기 때문에 제품을 부담 없이 더 많이 써보고 활용할 것이며, 제품에 대한 제어권을 더 많이 갖고 있다고 느낄 것이다.

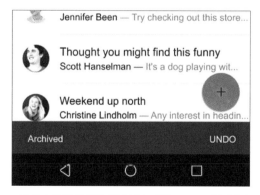

그림 21.1: '실행 취소' 컨트롤 옵션이 포함된 토스트 스타일의 알림

UI 관점에서 바람직한 패턴은 액션이 이뤄진 뒤에 등장하는 배너(또는 머티리얼 디자인의 토스트)에 **UNDO** 컨트롤이 포함되는 것이다. 사용자는 액션이 실행됐다는 것을 통지받고, 그 액션이 무엇이었는지를 확인하며 액션을 되돌릴 수 있는 신속한 단축키를 제공받는다.

파괴 등급도 있다. '전부 삭제하기'는 모달^{modal} 창과 텍스트 필드에 '취소_{cancel}'라고 입력하는 식의 사용자가 재차 확인하는 절차가 필요하다. 반면 덜 심각한 액션은 위에서 언급한 두 번째 기회인 '실행 취소' 옵션을 사용해야 한다. 사람들은 매일 수백 가지의 실수를 하기 때문에 너그러워져야 하며, 만약 당신이 만든 제품이 사용자를 한 번이라도 구제해 준다면 그들은 당신을 사랑하게 될 것이다.

학습 포인트

- 사용자가 자신의 실수를 되돌릴 수 있게 하라.
- 사용자에게 더 큰 자유와 통제력을 부여하라.
- 사람은 실수를 하기 마련이다. 너그러워져라.

#22

인터페이스를 모바일에
최적화시켜라

모바일 애플리케이션(그리고 모바일에 최적화된 웹사이트)을 사용하는 경험은 사용자에게 기쁨 또는 깊은 좌절이 될 수 있다. 이 원칙은 더 나은 모바일 경험을 제공하는 데 도움이 되도록 이 책 전체에서 다루는 다른 요점을 '모바일용 커닝 페이퍼'로 요약하는 것을 목표로 한다.

모바일 사용자가 겪는 좌절의 대부분은 기기가 우리에게 주는 제약에서 비롯된다. 모바일 기기는 화면이 훨씬 작고, 터치스크린은 오류가 발생하기 쉬우며, 일반적으로 데스크톱 컴퓨터보다 대역폭 연결이 낮다. 결과적으로 기기에서 정보를 얻고 인터페이스로 사용자 입력을 받는 것이 키보드와 마우스가 있는 데스크톱 화면의 경우보다 더 강한 마찰이 발생하는 프로세스다. 이러한 기기의 UI는 아래에 나열된 기기의 고유 기능을 사용해 이러한 제약을 완화시키려는 노력을 기울인다.

기기의 고유 기능

두 가지 주요 모바일 운영체제(iOS 및 안드로이드)는 데스크톱 운영체제와 비교해 사용자 인터페이스 및 UX 전략에서 다수의 조정이 이뤄졌다.

디자이너는 가능한 한 이러한 기기 고유의 기능을 사용해야 하며, 매번 이미 있는 것을 다시 만드느라 쓸데없이 시간을 낭비해선 안 된다.

새로운 내비게이션 시스템을 생각해 내는 데 귀중한 인지 부하를 낭비하지 말고, 사용자가 즉시 친숙하고 편하게 느낄 수 있도록 내비게이션 바에서 호스트 OS 스타일을 반드시 사용하라.

그림 22.1: iOS 내비게이션 탭(왼쪽)과 안드로이드 내비게이션 드로어(drawer)(오른쪽)

또한 날짜 선택, 숫자 범위 입력, 전화번호 입력을 위해 디자인된 특수 사용자 인터페이스 구성 요소도 많이 있으므로 그것들을 활용하라.

그림 22.2: iOS의 날짜 피커 컨트롤

사람이 쓸 수 있는 버튼

실수로 탭하는 것은 가장 불만스러운 모바일 UX 오류 중 하나다. 이는 데스크톱 인터페이스를 베껴 크기만 줄이는 것이 아니라 버튼을 모바일 크기에서 사용 가능하게 만듦으로써 대체로 피할 수 있다.

피츠의 법칙Fitts' law(#14, 버튼을 적절한 크기로 만들고 기능에 따라 그룹핑하라 참고)을 준수하면 이러한 문제 중 많은 부분을 방지할 수 있다. 애플의 휴먼 인터페이스 가이드라인은 최소 버튼 크기(가장 작은 치수와 함께)로 44DP Display Pixel를 권장하는 반면 안드로이드는 48픽셀을 권장한다.

정보 입력

모바일에서의 양식 기입은 많은 사용자에게 끊임없는 걱정거리다. 다음은 폰과 태블릿에서 정보 입력 경험을 획기적으로 개선하기 위한 두 가지 팁이다.

1. 사용자가 선택(드롭다운 선택 또는 토글)을 마치면 자동으로 다음 필드로 이동시켜라.
2. 긴 양식을 분할해서 사용자가 한 번에 몇 개의 필드만 탐색하고, 이동하는 동안 입력 항목을 저장하라.

페이지 모양 및 형식

데스크톱 컴퓨터는 수십 년 동안 영상 비율에 있어서 가로 방향이었지만, 모바일 폰은 세로 방향이다. 훨씬 더 혼란스럽게도 모바일 폰은 가로 방향으로도 쉽게 회전될 수 있다.

이 사실의 결론은 데스크톱 디자인이 모바일로 손쉽게 전환되지 않는다는 것이다. 우리 모두는 데스크톱 버전이 단순히 모바일에 맞춰 축소된 끔찍한 사이트를 경험했다. 그건 전혀 효과가 없다. 반응형 디자인은 이러한 이슈의 대부분을 해결하지만 제대로 진행돼야 한다.

반응형 디자인을 통해 페이지 스타일링이 뷰포트[1] 크기를 감지하고 그에 따라 조정할 수 있다. 모든 최신의 프론트엔드 프레임워크에는 페이지 레이아웃 및 컨트롤 크기 조정을 위한 적절한 기본값이 내장돼 있다. 처음부터 반응형 규칙을 직접 작성하려고 하는 것보다 이러한 기본값을 신뢰하는 편이 십중팔구 더 낫다.

---

1 표시 영역 – 옮긴이

한 가지 예는 스크롤이다. 사용자는 콘텐츠 페이지, 뉴스피드 및 항목 목록을 세로로 스크롤하는 것을 매우 좋아한다. 하지만 모바일에서 가로 스크롤은 큰 문제다. 뷰포트의 제한된 폭으로 인해 부자연스럽게 느껴지며, 심지어 대다수의 최신 모바일 브라우저에서 '이전으로back' 제스처를 방해할 수 있다. 가로 스크롤을 피하라.

학습 포인트

- 가능한 한 기기 고유의 기능을 사용하라.
- 사람이 조작 가능한 크기로 컨트롤을 만들어라.
- 사용자에게 가로 스크롤을 강요하지 마라.

콘텐츠

모든 애플리케이션이 콘텐츠에 초점을 맞추는 것은 아니지만, 대다수는 콘텐츠를 게시하고, 읽고, 찾고, 분류하는 기능을 제공한다. 이 섹션에서는 모든 유형의 콘텐츠를 다룰 때 사용자에게 완벽한 경험을 제공하기 위한 우수 사례를 살펴본다.

#23

무한 스크롤은 피드 스타일의 콘텐츠에서만 사용하라

사용자가 하단에 다다르면 더 많은 항목을 비동기적으로 로딩하면서 페이지를 계속해서 스크롤하는 무한 스크롤은 사용자들에게 매우 편리하다.

마우스 휠이나 터치스크린이 페이지 넘기기가 기본적으로 클릭하는 것보다 너 쉽고 빠르나. 인스타그램Instagram 사진이나 트윗의 뉴스 피드에서는 더욱 그렇다. 항상 사용자에게 더 많은 콘텐츠를 로드하고 있다는 표시를 제공하거나 마지막에 도달했는지를 알려 준다.

그림 23.1: 이어지는 몇 개의 항목이 로딩되면 좋겠다.

하지만 무한 스크롤은 일부 콘텐츠 유형에서만 제한적으로 사용돼야 한다. 한정된 목록(메시지, 이메일, 할 일 목록 등)에 사용될 경우 사용자는 콘텐츠의 시작, 중간, 끝을 확인할 방법이 없다. 무한 스크롤을 이러한 종류의 콘텐츠에 적용하면 혼란스럽고 사용 속도가 저하되므로 피드 용도로만 남겨 둬야 한다.

대부분의 피드는 최신 항목이 먼저 나오는 시간순으로 사용되지만, 더 많은 제품(예. 페이스북Facebook과 트위터)에서는 '알고리듬 정렬' 또는 '스마트' 타임라인timeline과 같은 옵션을 사용자에게 제공한다. 아마도 사용자에게 더 관련성 높은 트윗이나 뉴스 스토리를 피드 상단에 배치하고, 광고 및 홍보성 콘텐츠를 더 돋보이게 만들려는 의도로 보인다.

개인적 취향일 수 있지만 난 이러한 스마트 타임라인이 정말 마음에 들지 않는다. 무엇보다 이는 사용자가 아니라 기업과 광고주들에게 도움을 주기 위한 것이며, 실제로 정보 검색 측면에서도 문제를 지니고 있다. 당신이 타임라인을 열었을 때 무엇을 보게 될지 알 수 없다.

이것이 최신인가? 관련성이 가장 높은가? 페이지를 벗어났다가 다시 돌아오면 어떻게 되는가? 새롭게 재구성된 리스트가 제공되면 앞서 보고 있던 항목을 찾는 것이 불가능해진다.

종종 사용자는 항목을 '즐겨찾기'에 추가하거나 댓글을 올리기 위해서 무한 스크롤을 벗어난다. 거기서 그들은 이전back을 클릭하거나(데스크톱), 뒤로 스와이프swipe하거나(iOS), 하드웨어 이전 버튼을 사용한다(안드로이드).

문제는 그들을 어디로 보내야 하는지다.

a. 무한 스크롤 피드의 맨 위로 다시 이동
b. 그들이 벗어났던 바로 그 지점

당신이 사용자를 미워하지 않는다면 답은 분명 b)다. 안타깝게도 전자 상거래 사이트에서는 긴 제품 목록을 검색할 때 a)로 구현된 경우가 많다.

기술적인 구현 세부 사항이 어려울 수 있지만 사용자의 혼란을 막기 위한 노력을 기울일 필요가 있다. 제품을 본 다음에 이전으로 내비게이션하면 앞서 사용자가 벗어났던 지점으로 되돌아가야 한다.

스마트 여부에 관계없이 무한 스크롤 페이지에는 몇 가지 간과되는 문제점이 있다. 스크롤 바가 '제거'됐기 때문에 브라우저 윈도우상의 스크롤 포지션은 더 이상 정확하지 않으며, 페이지 위아래로 내비게이션하는 데 사용될 수 없다. 끝으로, 페이지 바닥글에 다다를 수가 없다. 이러한 점들을 염두에 두고, 사용자에게 '맨 위로' 컨트롤을 제공하는 것을 고려하라.

학습 포인트

- 긴 목록에서는 페이지 번호 매김^{pagination}을 사용하라.
- 무한 스크롤은 뉴스 피드 스타일의 콘텐츠에서만 사용하라.
- 사용자가 피드에서 빗어날 때에는 사용자의 위치를 기억하라.

#24

콘텐츠에 시작, 중간, 끝이 있다면
페이지 번호 매김을 사용하라

#23, '무한 스크롤은 피드 스타일의 콘텐츠에서만 사용하라'에 이어서 살펴보면 번호가 매겨진 페이지 목록은 '구식'처럼 보일 수 있지만 몇 가지 주요한 이점을 가진다.

- 목표지향적이어서 사용자가 목록에서 필요로 하는 항목을 찾으려고 하며, 페이지 번호 매김은 끝없는 목록에서 검색하는 것보다 직관적으로 보인다.
- 사용자의 위치를 기억하고 현재 페이지를 표시한다.
- 콘텐츠의 시작, 중간, 끝을 전달한다.
- 스크롤 바를 사용해서 페이지를 탐색할 수 있으며, 원한다면 바닥글에도 접근 가능하다.

'9,999페이지'가 있다는 것을 사용자가 보고 나면 검색이나 정렬, 필터 컨트롤을 선택적으로 사용할 수 있다. 페이지 수를 알 수 없다면 이러한 것들을 활용할 수 없다.

그림 24.1: 페이지 번호 매김의 좋은 예

사용자에게 현재 페이지, 전후의 몇 개 페이지, 범위 내의 양끝 페이지를 부여 줘라. '다음', '이전' 버튼 추가는 페이지 번호 누르기가 귀찮은 모바일 사용자에게 유용한 도움이 될 수 있다.

이 모든 것을 감안하면 사용자는 페이지 구분 없이 아주 긴 목록에서 검색하는 것이 쉽지 않다는 것을 알게 될 것이다. 아주 긴 목록은 인지적으로 매우 큰 부담이다. 몇 페이지를 넘는 목록에서 검색, 정렬 또는 필터 컨트롤을 필수로 고려해야 한다.

학습 포인트

- 콘텐츠가 한정된 경우에 페이지 번호 매김을 사용하라.
- 사용자에게 현재 페이지, 주변 페이지, 범위 내의 양끝 페이지를 보여줘라.
- 사용자에게 검색, 정렬 및 필터 컨트롤을 제공하라.

#25

사용자가 한 번의 클릭으로
쿠키를 허용 또는 차단하게 하라

쿠키cooky에 관한 법률(및 그에 따른 지침)은 종종 잘못 해석돼서 사용자가 사이트에 방문하지 못하도록 차단되거나 사이트를 보기 전에 거쳐야 하는 복잡한 모달 대화 상자가 넘쳐나는 특이한 경험으로 이어진다.

대부분의 법률과 마찬가지로 그것은 선의에서 시작됐다. 10년 전, 웹은 웹사이트 전반에 걸쳐 사용자를 추적하고 개인 정보를 침해하는 프로파일링의 '와일드 웨스트wild west'[1]였다. 유럽연합EU, European Union은 사람들에게 개인 정보에 대한 일부 권리를 돌려주고 합의 없이 이뤄지는 제3자의 수집으로부터 그들을 보호하는 것을 목표로 했다.

EU의 개인정보보호 지침ePrivacy Directive에는 다음과 같이 명시돼 있다.

> 웹사이트의 기본 기능을 위해 반드시 필요한 것 외에 쿠키 및 트래커tracker는 사용자의 사전 동의 전에는 설치돼서는 안 된다.

분석 쿠키를 사용하면 사이트를 방문하는 사람과 사이트 내에서 그들의 행동에 대한 자세한 정보를 팀에서 이해할 수 있으며, 이는 '기본 기능'으로 간주되지 않으므로 사용자의 동의가 필요하다. 분석 쿠키는 마케팅 담당자에게 중요하므로 그들은 당연히 사용자가 그것을 끄지 않기를 원한다.

대부분의 사용자는 다음 범주에 속한다.

- 신경 쓰지 않고 쿠키를 허용한 뒤, 사이트를 방문한다.
- 개인 정보를 중요하게 여기거나 사이트를 신뢰하지 않으며 차단한다.
- 많은 관심을 갖고 있으며 특정 트래커를 조정하길 원한다.

---

1   일종의 무법지대 - 옮긴이

이 세 가지 분명한 사용 사례를 고려할 때 대부분의 쿠키 팝업이 다음 옵션만 제공하는 것은 놀라운 일이다.

- 모두 허용하기
- 수동으로 모두 *끄기*

그것은 도처에 있는 다크 패턴(#101. 악의 유혹에 빠지지 마라 참고)이며, 아이러니하게도 개인 정보에 대한 더 나은 통제권을 주기 위해 고안된 일련의 지침들이 정반대로 작동했다. 우리는 사이트에서 원하는 기본값을 맹목적으로 받아들이도록 시달림을 당하고 있다.

이에 대한 확실한 사용자 친화적 솔루션은 다음을 수행하는 것이다.

- 마케팅/분석 쿠키를 사용하지 마라. 또는,
- 꼭 사용해야 한다면 방문자에게 두 가지 간단한 옵션을 제공하라.
    a. 분석 쿠키 허용
    b. 분석 쿠키 차단

아주 간단하다. 그림 25.1은 이를 잘 수행하는 대규모 사이트의 예다.

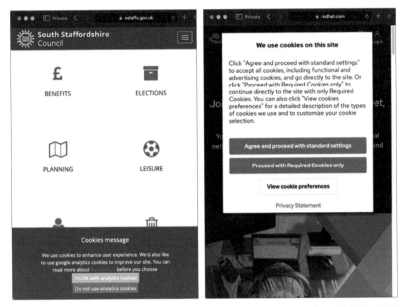

그림 25.1: 두 사이트 모두 사용자에게 명확한 옵션을 보여 주고, 그들의 선호를 존중하며, 사용자에게 너무 많은 설정을 강요해서 콘텐츠 접근을 지연시키지 않는다.

학습 포인트

- 사용자에게 선택적 트래킹 쿠키를 허용하거나 차단할 수 있는 명확한 방법을 제공하라.

- 사용자가 트래커를 하나씩 수동으로 설정하게 만들지 마라.

- 반드시 필요한 경우가 아니라면 사이트 콘텐츠에 대한 접근을 지연시키지 마라.

#26

사용자가 '텅 빈 상태'에서
다음 단계를 파악할 수 있도록
도와라

텅 빈 상태란 일반적으로 사용자에게 많은 정보(프로젝트, 앨범, 태스크 등)를 표시하지만 사용자가 처음 시작했기 때문에 아직 아무것도 생성되지 않은 뷰를 말한다.

많은 애플리케이션의 기본 동작은 단순히 콘텐츠로 채워질 곳에 텅 빈 뷰를 표시하는 것이다. 신규 사용자에게 이것은 매우 형편없는 경험이며, 추가적인 안내와 지침을 제공할 수 있는 엄청난 기회를 놓치는 것이다.

텅 빈 상태에서는 일반적으로 유용한 텍스트, 힌트, 친숙한 그래픽 또는 아이콘을 표시해야 한다. 이러한 뷰는 기능별로 표시될 수 있으므로 당신이 제공하는 조언은 매우 태스크지향적이 되기 쉽다. 사용자가 할 일 목록을 본다면 첫 번째 할 일 항목을 만들도록 조언할 수 있다.

프로필에서 사용자에게 약력을 포함시키거나 아바타avatar 사진을 추가하도록 안내할 수 있다.

그림 26.1: 베이스캠프(Basecamp)에서 사용자가 항목을 만들기 전에 표시하는 할 일 목록

그림 26.2: 쇼피파이(Shopify)는 사용자가 할 수 있는 것을 요약해서 보여 줌으로써 신규 사용자를 환영한다.

텅 빈 상태는 한 번만 표시되므로(사용자가 콘텐츠를 만들기 전) 사람들이 제품의 기능에 집중하도록 하는 동시에 '요령을 알고' 있을 기존 사용자를 방해하지 않는 이상적인 방법이다. 그렇기 때문에 UX 디자이너가 사용자에게 유용한 텅 빈 상태를 제공하는 것은 필수 사항으로 간주돼야 한다.

또한 이러한 텅 빈 상태에서 명확한 행동 유도 버튼CTA, Calls To Action을 제공하는 것은 사용자가 당신의 제품을 전혀 사용하지 않는 것과 성공적으로 온보딩onboarding하는 경험 간의 차이가 될 수 있으므로 반드시 고려돼야 한다.

학습 포인트

- 텅 빈 상태를 사용해서 신규 사용자를 익숙해지게 만들어라.
- 사용자에게 제공하는 조언은 태스크지향적이어야 한다.
- 텅 빈 상태를 기능별로 제공하는 경우 조언이 구체적이어야 한다.

#27

'시작하기' 팁은
닫기 쉽게 만들어라

텅 빈 상태(#26, 사용자가 '텅 빈 상태'에서 다음 단계를 파악할 수 있도록 도와라 참고)는 사용자가 콘텐츠를 추가하거나 최초 태스크를 수행하고 나면 다시 표시되지 않는다.

애플리케이션늘은 사용자에게 너무도 빈번하게 '시작하기' 안내 또는 '신규 사용자를 위한 팁'을 보도록 강요한다. 신규 사용자에게는 도움이 될 수도 있겠지만, 사용한 적이 있는 애플리케이션을 다시 실행한 경우에는 이는 너무도 끔찍한 경험이다.

애플리케이션 업데이트로 인해 팁이 '리셋'되고 기존 사용자가 강제로 튜토리얼tutorial을 끝까지 앉아서 보게 되는 경우에는 추가적인 분노가 초래된다. 이를 방지하려면 튜토리얼에서 다뤄질 내용을 사용자에게 알리고 팁을 선택적이고 끄기 쉽게 만들어라. 사용자가 여정의 어디에서나 또는 처음 시작할 때 탭 한 번으로 전체 '온보딩 마법사'를 닫을 수 있게 한다면 보너스 포인트를 얻게 될 것이다.

그림 27.1: 이 대화 상자는 사용자가 원하는 경우 건너뛸 수 있게 튜토리얼에 담긴 내용을 알려 준다.

하지만 이러한 팁을 지나치게 많이 사용하지 않도록 주의하라. 일반적인 규칙(및 이 책의 나머지 부분)을 따랐다면 애플리케이션 UI의 모든 세부 사항을 설명할 필요가 없다.

당신이 디자인한 UI에 '여기에서 검색하실 수 있습니다', '최근 입력 내용은 여기에 표시됩니다', '새로 입력하려면 여기를 클릭하세요'와 같은 설명이 꼭 필요하다면 그 UI는 지나치게 복잡하기에 수정이 필요하다.

래리 테슬러Larry Tesler는 1980년대에 '테슬러의 법칙'을 만든 컴퓨터 과학자이자 인간 중심 디자이너다. 모든 애플리케이션에는 제거하거나 숨길 수 없는 고유한 양의 복잡성이 있다고 말한다. 대신, 이 복잡성은 시스템 또는 사용자가 처리해야 한다.

그래서 온보딩 튜토리얼이 존재하며, 개별 UI 요소나 컨트롤을 설명하기보다는 신규 사용자에게 전반적인 제품 콘셉트를 설명하고 그들이 이 복잡성을 풀도록 돕는 데 가장 효과적이다.

학습 포인트

- 온보딩 튜토리얼에 담긴 내용을 사용자에게 설명하라.
- 한 번의 액션으로 전체 튜토리얼을 건너뛸 수 있게 하라.
- 사용자가 온보딩 팁이나 도움말로 쉽게 되돌아갈 수 있게 하라.

#28

사용자가 피드를 새로 고침하면
읽지 않은 최신 항목으로
이동시켜라

일반적으로 피드(또는 목록)의 각 항목에는 내용을 보거나 관련 액션을 수행하는 링크가 포함된다. 이는 사용자가 목록 앞뒤를 쉽게 탐색할 수도 있다는 것을 의미한다.

뉴스 목록을 생각해 보자. 사용자는 목록을 살펴보고 나서 하나 이상의 뉴스를 선택해 읽을 것이고, 매번 목록 뷰로 다시 돌아갈 것이다. 단순히 피드를 다시 불러와서 사용자를 출발점에 데려다 놓지 마라!

예를 들어 트위터는 사용자에게 얼마나 많은 트윗이 쌓여 있는지 보여 주지만, 사용자의 명백한 액션 없이는 피드를 변경하지 않는다.

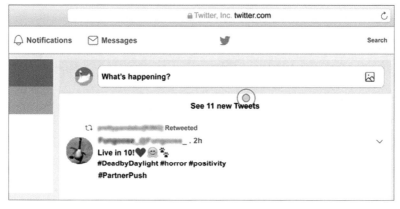

그림 28.1: 트위터는 변경 사항을 제대로 처리한다.

기술적으로는 사용자가 스토리를 읽는 동안에 피드를 변경할 수 있지만, 피드가 계속해서 업데이트된다면 혼란을 가져올 수 있으며 사용하기 어려워진다. 물론 이는 사용자의 스크롤 위치를 추가로 확인해야 하는 것을 의미하지만, 사용성 측면에서 충분히 가치가 있다.

학습 포인트

- 사용자들을 그들이 왔던 지점으로 돌려보내라.
- 사용 중에는 피드를 다시 로드하거나 새로 고치지 마라.
- 피드 사용 중에 피드를 수동으로 새로 고침하는 옵션을 제공하라.

내비게이션

내비게이션은 사용자가 인터페이스를 통해 이동하고 콘텐츠와 인터랙션할 수 있게 해주기 때문에 UX 디자인에서 중요하다. 좋은 내비게이션은 사용과 이해가 쉬워야 하며, 사용자가 필요로 하는 정보를 빠르고 쉽게 찾을 수 있도록 도와야 한다. 내비게이션은 메뉴, 이동 경로(breadcrumbs), 버튼과 같이 다양한 요소를 사용해서 만들어질 수 있다.

#29

'햄버거' 메뉴 속에
항목을 숨기지 마라

햄버거 메뉴만큼 논란의 여지가 있는 UI 패턴은 많지 않다. 지난 5년간 반응형 디자인을 사용해서 웹사이트를 모바일 또는 태블릿 폭에 맞춰 조정함에 따라, 햄버거 메뉴는 작은 디스플레이에서 메뉴를 제공하는 실질적인 방법이 됐다

그림 29.1: 두려운 햄버거

리서치('햄버거 메뉴와 숨겨진 내비게이션이 UX 지표를 손상시킨다'(https://www.nngroup.com/articles/hamburger-menus/))에 따르면 햄버거 메뉴는 다음과 같은 문제점을 유발한다.

- 사용자의 검색 시간을 늦춘다.
- 태스크의 체감 난이도를 높인다.
- 태스크 완료 시간을 늘린다.

간단히 말해서 햄버거 메뉴는 사용자로부터 항목을 감추고 그것을 찾기 어렵게 만든다. 게다가 메뉴는 숨겨져 있기 때문에 사용자는 제품 안에서 '자신이 어디에 있는지'를 알 수 없다.

위 링크의 리서치가 수행된 이후 사용자가 수많은 애플리케이션과 웹사이트에서 햄버거 메뉴를 봐 왔고 패턴을 이해했기 때문에 오늘날 어려움을 덜 겪게 될 것이라는 점에 주목할 필요가 있다. 하지만 검색 편의성의 감소는 여전히 현실적인 문제다.

햄버거 메뉴를 대체 가능한 몇 가지 디자인 패턴은 다음과 같다.

- **뷰 하단의 내비게이션**: iOS 애플리케이션에서 널리 사용되며, 4~5개의 주요 기능을 하단 고정 메뉴에 담을 수 있고, 마지막 항목은 '펼쳐지게' 해서 복잡한 툴에 접근 가능하게 만들 수 있다.

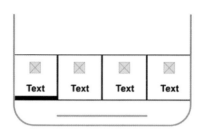

그림 29.2: 모바일 뷰 하단의 내비게이션

- **탭 내비게이션**: 뷰 하단 내비게이션을 뒤집은 것으로 안드로이드 애플리케이션에서 주로 사용되며, 항목이 뷰 상단에 위치한다.

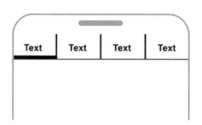

그림 29.3: 모바일 뷰 상단의 탭 내비게이션

- **이동 경로**: 오랫동안 검증된 이동 경로 내비게이션은 밑줄이 그어진 링크의 간단한 목록이다(#77. 이동 경로 내비게이션을 사용하라 참고). 이것은 이해하기 쉬우며, 간단한 내비게이션과 현재 페이지 표시를 겸비한다.

'사용 가능'해야 하는 기능이 많은 애플리케이션(#99. 인터랙션이 명확해야 하는지, 쉬워야 하는지 또는 사용 가능해야 하는지 결정하라 참고)과 같은 일부 경우에는 모바일에서 기능을 제거하는 대신에 제공하기 위해서 사용성의 트레이드오프trade-off를 감내할 가치가 있다. 하지만 데스크톱에서는 절대 햄버거 메뉴를 사용하지 마라.

햄버거 메뉴를 반드시 사용해야 한다면 '3줄' 아이콘만 덩그러니 배치하지 말고 **메뉴**Menu라는 레이블을 붙여라.

학습 포인트

- 햄버거 메뉴는 사용자의 검색을 늦춘다.
- 이런 식으로 메뉴 컨트롤을 숨기면 사용자는 자신의 위치를 파악할 수 없다.
- 햄버거 메뉴의 대안을 고민하되 꼭 써야 한다면 레이블을 붙여라.

#30

링크를 링크처럼
보이게 만들어라

링크 또는 하이퍼링크hyperlink는 웹의 기반이며, 팀 버너스 리Tim Berners-Lee 경이 1989년 HTML을 발명할 당시 핵심적인 발전 중 하나다. 본래 브라우저에서는 클릭 가능한 링크는 파란색, 이탤릭체, 밑줄이 그어져 있었다. 도드라지고 어울리지 않아 보였는데, 그것이 포인트였다. 링크는 완전히 새로운 콘셉트이며 페이지의 다른 텍스트와 확연히 구분될 필요가 있었다.

빠르게 현재로 넘어오면서 링크에 스타일을 입히는 것을 대체로 멈추고 있다. 마우스를 올렸을 때에만 링크를 하이라이트시키거나, 아니면 아무런 시각적 어포던스를 덧붙이지 않는다.

스타일 온 호버style-on-hover1 접근법은 결코 이상적이지 않다. 터치스크린 기기에서의 사용자에게는 호버 상태가 없다. 그동안에 사용자는 링크를 찾길 바라면서 텍스트 영역에 한 번씩 마우스를 올려 보며, 링크를 '사냥'하거나 아무것도 찾지 못하고 끝난다.

---

1   마우스 포인터를 올렸을 때 스타일을 적용하는 방식 – 옮긴이

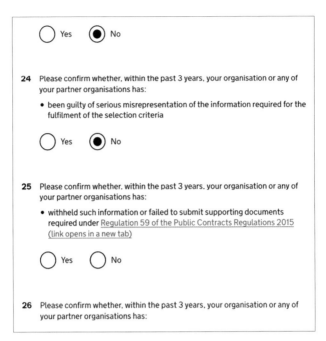

그림 30.1: 링크가 명확하고 컨트롤이 적절한 gov.uk 페이지

링크에 시각적 어포던스를 추가할 때 링크 상태(활성화, 팔로우된 등)를 포함하고 비활성화된 링크(및 그 외 컨트롤)가 링크 스타일과 확연하게 다른지 확인하는 것을 잊지 마라.

웹의 초창기 관습 중 하나인 방문한 링크의 컬러를 다르게 지정하는 것은 여전히 필수적이다. 이는 사용자가 이미 방문한 곳을 파악하고, 클릭 낭비를 막는 데 도움이 된다(#75, 사용자 여정의 모든 측면에는 시작과 끝이 있어야 한다 참고).

어떻게 작동하는지(또는 작동하지 않는지) 알고 싶다면 클릭해 보라고 사용자에게 요구하는 것은 미친 짓이다. 이러한 종류의 디자인 결정은 기능보다 형태를 중시하는 전형적인 사례다. '미니멀리즘minimalism'이 컨트롤을 사용할 수 없을 정도로 적은 수의 어포던스를 추가하는 것이라고 생각해서 링크가 어떻게 작동하는지를 사용자가 추측하게 만들 생각이라면 당신이 완전히 틀렸다. 난 마케팅 담당자가 뭐라고 하든 신경쓰지 않는다. 링크에 밑줄을 그어라

학습 포인트

- 링크에 시각적 어포던스를 추가해서 링크처럼 보이게 만들어라.
- 링크가 아닌 것을 링크처럼 보이게 하지 마라.
- 사용자가 클릭 가능한 컨트롤을 찾아 헤매게 만들지 마라.

#31

메뉴 항목을 하위 섹션으로 나눠서
사용자가 긴 목록을 기억할
필요가 없게 하라

인간은 몇 가지 일들을 더 능숙하게 해낸다. 예를 들어 꽃을 예쁘게 그리는 것은 잘 하지만 그 꽃의 정확한 생물학적 분류와 학명을 바로 떠올리는 것에는 다소 서툴다. 이러한 종류의 일은 컴퓨터가 인간보다 더 잘 처리한다.

사람이 목록에서 적정하게 기억하고 효율적으로 처리할 수 있는 항목의 수에 대한 경험적 법칙은 '7, 더하기 또는 빼기 2'다. (1956년 『심리학 리뷰 Psychological Review』에 처음 게재된 조지 밀러George A. Miller의 논문 「마법의 수 7, 더하기 또는 빼기 2The Magical Number Seven, Plus or Minus Two」에 규정돼 있다) 이 연구는 1950년대부터 진행됐으며 안타깝게도 이후 수년 간 잘못 해석돼 왔다.

이 규칙은 사람들이 7개 이상의 항목을 기억할 수 없다는 것을 의미하지 않는다. 단지 단기 기억 처리의 한계를 의미한다. 복잡한 컴퓨터 시스템의 전문가는 머릿속에서 더 많은 항목을 규칙적으로 처리할 수 있지만, 선택 목록에 처음 접근한 사용자는 '약 7개'의 항목이 목록에 있을 때 가장 큰 도움을 받을 수 있다.

'마법의 수 7'은 기억해야 하는 항목, 콘텍스트context, 심리 상태와 같은 환경적 요인에 따라 달라질 수 있지만, 가장 좋은 시작점이다. 요점은 사용자가 머릿속으로 긴 목록을 처리하고 기억해 낼 수 없다는 것이다.

사용자에게 옵션 목록을 제시하고자 한다면 사용자가 7번째 또는 8번째 옵션을 읽을 때 쯤이면 '버퍼가 가득 찼다'는 생각이 들면서 첫 번째 옵션이 무엇이었는지를 떠올리기 힘들어 한다는 점을 염두에 둬야 한다.

Collectables	Garden
Antiques	Appliances
Sports memorabilia	DIY materials
Coins	Furniture & homeware
Mobile phones	Cycling
Sound & vision	Fishing
Video games	Fitness, running & yoga
Computers & tablets	Golf
Women's clothing	Radio controlled toys
Men's clothing	Construction toys
Shoes	Outdoor toys
Kid's fashion	Action figures
Sneakers	Books, comics & magazines
Luxury Watches	Health & beauty
Costume jewellery	Musical instruments
Vintage & antique jewellery	Business, office & industrial
Fine jewellery	

그림 31.1: 머릿속으로 처리하기 힘든 긴 목록

Collectables & antiques	Fashion	Home & garden	Toys & games
Collectables	Women's clothing	Garden	Radio controlled
Antiques	Men's clothing	Appliances	Construction toys
Sports memorabilia	Shoes	DIY materials	Outdoor toys
Coins	Kid's fashion	Furniture & homeware	Action figures
	Sneakers		
Electronics	**Jewellery & watches**	**Sporting goods**	**Other categories**
Mobile phones	Luxury Watches	Cycling	Books, comics & magazines
Sound & vision	Costume jewellery	Fishing	Health & beauty
Video games	Vintage & antique jewellery	Fitness, running & yoga	Musical instruments
Computers & tablets	Fine jewellery	Golf	Business, office & industrial

그림 31.2: 동일한 내용이지만 분석하기 쉽도록 더 짧은 섹션으로 나눔

내비게이션 메뉴, 드롭다운 메뉴의 옵션, 섹션 제목, 카테고리 목록 등 UI 전체에 걸쳐서 간소화하고 통합하고 더 짧은 논리 그룹으로 쪼개서 이를 최적화할 수 있다.

메뉴를 섹션으로 그룹핑grouping하거나 옵션의 복잡도를 줄여서 사용자가 이를 기억해 내고자 애쓰지 않게 해야 한다. 예를 들면 추가 설정을 '고급' 설정으로 숨겨라. 당신의 사용자는 로봇이 아니라 사람(아마도)이다.

학습 포인트

- 사용자는 단기 기억을 통해서 목록에 있는 대략 7개 항목을 읽고 처리하고 기억해 낼 수 있다.
- 7개가 넘어가면 사용자의 목록 사용이 힘겨워진다.
- 관련이 있는 항목들을 섹션으로 묶어라.

#32

설정을 이해하기 쉽게 분류하라

고급 설정을 숨길 수 있다면 모든 메뉴 옵션을 메뉴에 포함시킬 필요가 없다. 설정을 그룹으로 분류하되 더 복잡한 것들은 '고급 사용자' 설정으로 분리하라. 고급 설정에도 항목이 많다면 섹션별로 나눠야 한다(고급 항목들을 아무렇게나 늘어놓지 마라).

어떤 기능이 고급 설정으로 분류돼야 하는지에 대한 추정은 사용자 리서치를 통해 뒷받침돼야 한다. 실제 사용자와 함께하는 **카드 소팅**card sorting이나 **트리 테스팅**tree testing 기법을 사용해서 적절한 고급 설정 세트를 도출할 수 있다.

고급 설정을 숨기는 것은 사용자가 정신적으로 처리해야 하는 항목의 수를 줄여 주는 효과가 있을 뿐만 아니라(#31. 메뉴 항목을 하위 섹션으로 나눠서 사용자가 긴 목록을 기억할 필요가 없게 하라 참고), 대다수의 사용자에게서 복잡한 설정을 숨김으로써 애플리케이션이 덜 어려워 보이게 만든다.

적절한 기본값을 선택하는 것을 통해(#96. 알맞은 기본값을 선택하라 참고), 대다수가 고급 설정을 변경할 필요가 전혀 없게 만들 수 있다. 변경이 필요한 사용자들에게는 고급 메뉴 섹션이 자주 사용되는 패턴이다.

적절한 고급 설정 세트를 찾았으면 이를 사용 가능한 세트로 구성할 차례다.

그림 32.1: macOS 시스템 설정 패널은 잘 분류돼 있다.

 '해야 할 일'은 '결과 주도의 혁신' 제품 개발 프레임워크의 일부분이며 2000년대 초반 앤서니 울윅(Anthony W. Ulwick)이 고안한 혁신 방법론이다. 이 방법론은 디자이너에게 사용자가 달성하고자 하는 기능적, 정서적, 사회적 결과, 즉 '해야 할 일'에 초점을 맞춘 다음 이러한 결과를 제품의 기능 및 혜택을 통해 이러한 결과를 충족시킬 것을 요청한다.

설정 페이지는 시스템 기능이 아니라 '해야 할 일'을 토대로 구성돼야 한다. 예를 들어 '사운드'와 관련된 모든 설정은 한 곳에 모여 있고, '비디오'는 또 다른 곳에 모여 있다. 이는 매우 명확해 보이며 다수의 운영체제가 이를 잘 지키고 있다. 하지만 많은 소프트웨어 제품은 이를 지키지 않고 모든 설정을 하나의 지나치게 조밀하고 긴 설정 메뉴에 집어넣어서 사용하기 어렵게 만들고 있다.

macOS 시스템 설정 패널(그림 32.1)은 시스템 기능이 아닌 개념 영역에 따라 항목을 분류함으로써 이를 잘 수행하고 있다. **키보드**, **마우스**, **트랙패드**^{trackpad}를 모두 '입력'이라 부르면서 하나의 혼란스러운 뷰로 한데 묶기보다는 각각의 뷰로 제공한다.

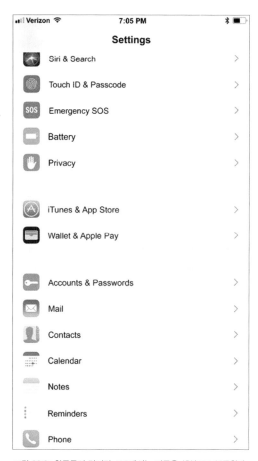

그림 32.2: 항목들이 많지만, iOS에서는 이들을 섹션으로 분류한다.

특히 길거나 복잡한 설정 뷰에서 '검색' 필드를 제공한다면 보너스 점수를 딸 수 있다.

학습 포인트

- 고급 설정은 다른 레벨의 내비게이션 뒤로 숨겨라.
- 항목들은 작업이나 개념 영역별로 분류하라.
- 긴 목록에서는 '7 더하기 또는 빼기 2' 법칙을 기억하라.

#33

메뉴 항목을 바닥글이나
뷰 하단에 반복 배치하라

사이트 내비게이션은 뷰의 상단에 위치하지만, 사용자는 아마도 당신이 제공하는 매력적인 콘텐츠에 마음을 뺏겨서인지 뷰 아래로 바로 스크롤을 한다. 그렇다면 그들을 페이지 상단으로 어떻게 다시 데려올까?

대부분의 모바일 브라우저는 애플리케이션 상단의 바를 태핑tapping하면 페이지를 위로 스크롤하는 바로 가기를 지원한다. 페이지 하단에 플로팅floating되는 '맨 위로' 링크를 제공할 필요가 없다. 이는 공간 낭비다.

좋은 해결책은 페이지 바닥글에 주요 메뉴 항목을 반복하거나, 적어도 사이트의 인기 영역에 몇 가지 바로 가기를 추가하는 것이다. 사용자가 단계를 점프해서 다음 항목을 찾을 수 있기 때문에 '간단한 이동 경로'를 포함시키는 것이 '맨 위로' 링크보다 유용하다.

Shop and Learn	Services	Apple Store	For Business	Apple Values
Store	Apple Music	Find a Store	Apple and Business	Accessibility
Mac	Apple TV+	Genius Bar	Shop for Business	Education
iPad	Apple Fitness+	Today at Apple		Environment
iPhone	Apple News+	Apple Camp	For Education	Inclusion and Diversity
Watch	Apple Arcade	Apple Store App	Apple and Education	Privacy
AirPods	iCloud	Refurbished and Clearance	Shop for K-12	Racial Equity and Justice
TV & Home	Apple One	Financing	Shop for College	Supplier Responsibility
iPod touch	Apple Card	Apple Trade In	For Healthcare	About Apple
AirTag	Apple Books	Order Status	Apple in Healthcare	Newsroom
Accessories	Apple Podcasts	Shopping Help	Health on Apple Watch	Apple Leadership
Gift Cards	App Store		Health Records on iPhone	

그림 33.1: Apple.com은 바닥글에 '간단한 이동 경로'를 표시해 큰 효과를 보고 있다.

보너스: 바닥글에 표시된 고정 링크는 검색 엔진이 사이트를 인덱싱하는 데 도움이 되며, 일부 상황에서는 검색 엔진 최적화SEO, Search Engine Optimization를 거들 수 있다.

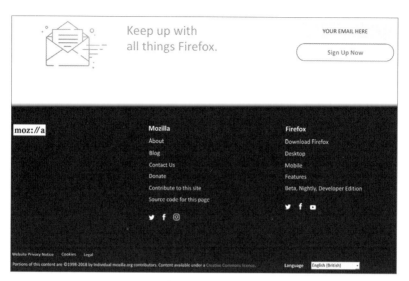

그림 33.2: 모질라의 바닥글

모질라Mozilla의 바닥글(상단 그림)은 지나치게 어수선하지 않으면서 내비게이션 체계의 상위 레벨 섹션으로 이어지는 유용한 링크를 제공한다. 일부 사이트에서는 바닥글에 검색 컨트롤을 포함시키는 결정을 내렸는데, 이는 똑똑한 아이디어일 수 있다. 페이지에서 찾고자 하는 것을 발견하지 못한 사용자에게 사이트 검색 방법을 제공하기 때문이다.

학습 포인트

- 내비게이션 항목을 바닥글에 반복 배치하라.
- 바닥글을 '막다른 골목'으로 만들지 마라.
- 적절하다고 판단되면 바닥글에서 검색 기능 제공을 고려하라.

아이코노그래피(iconography)

아이콘(icon)은 시각적 축약이며, 많은 정보와 의미를 단순하고 기억하기 쉬운 그림으로 인코딩하는 방법이다. 아이콘이 너무 많으면 혼란스러울 수 있지만 올바르게 사용하면 복잡한 사용자 인터페이스를 단순화하는 강력한 도구가 될 수 있다.

#34

제품 전반에서
일관된 아이콘을 사용하라

아이콘은 도대체 어디에 쓰이는 것인가? 아이콘은 시각적 축약이며, 사용자가 화면을 보고 순식간에 버튼의 용도를 이해할 수 있는 방법이다. 아이콘만으로는 UI를 제대로 이해할 수 없지만, 일단 이해하고 나면 인식 속도와 기억력을 크게 높일 수 있다.

아무렇게나 만들어진 이질적인 아이콘으로 가득한 UI는 UX 재앙에 가깝다. 물론 어떻게 이런 일이 벌어졌는지 이해한다. 멋져 보이는 아이콘 세트를 쓰기 시작했는데 '업로드' 또는 '다운로드' 아이콘이 없다는 것을 알게됐다. UI 리뷰 미팅은 오늘 오후 진행 예정이고, 그때까지 아이콘을 준비하는 편이 좋을 것 같다! 그래서 ▲와 ▼를 급한 대로 사용한다. 하지만이것들은 실제로 UI의 일부분이지만 애플리케이션의 다른 부분과 다르게보일뿐더러 사용자가 이를 이해하려면 몇 초간의 시간을 추가로 투입해야한다.

그림 34.1: 일관성 없는 아이콘 스타일은 비전문적으로 보이며 사용자가 인식하고 떠올리는 데 혼란을 준다.

아이콘을 대충 넘기지 마라. 적절한 메타포metaphor를 선택하고 이를 고수하라. 이는 아이콘 스타일에 맞는 신규 아이콘 요소를 만들기 위해 추가적인일러스트레이션illustration 수고를 들이는 것을 의미한다. 하지만 이러한 노력은 최종 사용자에게 향상된 사용성이라는 성과를 제공할 것이다.

학습 포인트

- 제품 전반에서 일관된 아이콘을 사용하라.
- 이질적인 아이콘을 포함시키는 지름길을 택하지 마라.
- 일관성 있는 아이콘 스타일 개발에 추가 시간을 투자하라.

#35

시대에 뒤처진 아이콘을
사용하지 마라

약 20년 동안 '플로피 디스켓' 아이콘은 '저장'을 의미했으며, 이 연관성은 데스크톱과 웹 애플리케이션의 UI에서 지속되고 있다. 이것은 오랫동안 훌륭한 시각적 메타포였지만, 많은 것이 변했으며 20세 이하의 사용자 다수는 플로피 디스켓을 한 번도 본 적이 없을 것이다. 그들이 이것을 알고 있다면 실물이 아니라 아이콘을 봤기 때문일 것이다.

다른 예로는 수화기와 동그랗게 말린 코드, 원형 다이얼이 달린 오래된 전화기, 1950년에 등장한 마이크, 그리고 '음성 메시지'를 의미하는 릴투릴 reel-to-reel 테이프 녹음기 아이콘이 있다.

그림 35.1: 지금부터 10년 후에는 이것이 무엇인지 아무도 모를 것이다.

당신이 사용하는 시각적 메타포가 다양한 연령대, 문화, 언어에서 어떻게 작동할지 생각해 보라. 아이콘에 사용할 적절한 시각적 메타포를 찾는 것은 어렵지만 가치가 있으며, 사용자는 당신의 제품에 더욱 익숙해지는 이득을 보게 될 것이다.

점점 더 많은 애플리케이션이 사용자의 진행 상황을 자동으로 저장하지만, 그렇다고 하더라도 이동식 또는 하드 디스크 모양이 아닌 '저장'(요즘에는 데이터를 웹 기반 서비스로 보내는 것을 의미한다)을 위한 새로운 표준 아이콘이 필요하다.

그림 35.2: '클라우드에 업로드하기'인가? 지반 쿠마르(Jeevan Kumar)의 더 나운 프로젝트(The Noun Project)에 나온 아이콘

아이콘은 단순하기에 항상 어느 정도의 모호함을 갖기 마련이지만, 이를 줄이려면 텍스트 레이블과 함께 표시돼야 한다(#38. 항상 아이콘에 텍스트 레이블을 제공하라 참고). 아이콘은 탭 가능한(또는 클릭 가능한) 타깃인 동시에 시각적 단서 또는 축약의 역할을 주로 수행해야 한다.

대부분의 디자인 요소들과 마찬가지로 아이콘 선택도 실제 사용자와 함께 테스트하는 것이 유용하다(#6. 실제 사용자와 함께 테스트하라 참고). 제시된 아이콘이 어떤 의미로 받아들여지는지를 사용자에게 묻고, 그 아이콘을 나중에 기억할 수 있는지 확인하라.

학습 포인트

- 한물간 기술이나 시각적 메타포를 묘사하는 아이콘을 사용하지 마라.
- 텍스트 레이블을 아이콘과 함께 표시해서 모호함을 줄여라.
- 실제 사용자와 함께 아이콘을 테스트하라.

#36

기존 아이콘으로 신규 아이디어를 표현하려고 하지 마라

가끔은 완전히 새로운 아이콘을 만들어야 할 때가 있다. 설명하고자 하는 콘셉트가 이전에 없던 새로운 것이라면 또 다른 아이디어를 언급해서 사용자를 혼란스럽게 만들지 않을 아이콘이 필요하다. 그것은 새롭지만 쉽게 알아볼 수 있고, 실제 사례에 매핑 가능해야 한다. 어려운 일처럼 느껴진다면 실제로 까다롭기 때문이다.

다행스럽게도 완전히 새로운 아이콘을 개발해야 하는 경우는 흔치 않다. 애플리케이션에서 신규 콘셉트를 개발하는 경우도 있긴 하나, 대다수의 콘셉트는 현재 사용되는 UX 패턴과 UI 관례를 통해 더 잘 이뤄지기 때문이다.

여기서 절충안(신규 콘셉트를 묘사하고자 기존 아이콘을 사용하는 것)은 최악의 선택이다. 이는 다른 제품에서 다른 의미로 사용된 아이콘을 경험한 사용자를 혼란에 빠트린다.

그림 36.1: 이 불쌍한 자들에게 아이디어를 내주세요.

이 카테고리에서 가장 오용되는 아이콘들은 다음과 같다.

- 와이파이 '부채' 아이콘
- 일반적인 '구름' 아이콘
- 지구본 아이콘
- 체인 '링크' 아이콘

이러한 아이콘들은 '업로드', '저장', '공유', '이메일' 등에 이르는 다양한 아이디어를 표현하는 데 빈번하게 사용된다. 나는 와이파이 아이콘이 '비접촉 카드로 결제하세요'를 설명하는 데 사용된 것을 본 적이 있다. 이는 부조화스럽고 매우 혼란스럽다.

어쩌다 실수를 한다면 이해할 수 있지만, 너무 잦으면 나태한 것이다. 적절한 아이콘을 찾는 것은 어려울 수 있으며, 새로운 아이콘을 개발하는 것은 훨씬 더 힘든 일이 될 수 있다.

검색 가능한 온라인 아이콘 디렉터리가 여럿 있으며(내가 요즘 즐겨 쓰는 더 나운 프로젝트(https://thenounproject.com/)를 포함해 일부는 무료로 이용 가능하다), 이러한 사이트에서 빠른 검색을 통해 다른 디자이너들이 콘셉트를 표현하고자 어떤 아이콘을 사용했는지 확인하는 일은 유용하다.

다른 애플리케이션의 패턴을 그대로 따라 하는 경우도 있는데(이러한 아이콘의 대다수는 이용료 없이 재사용 가능하다), 이는 사용자에게 아주 좋다. 다른 애플리케이션에서 그 패턴들에 익숙해졌기 때문에 아이콘 재사용을 통해 사용자의 학습 및 인지 시간을 절약할 수 있다.

학습 포인트

- 당신의 니즈에 맞는 아이콘이 이미 존재할 것이다.
- 신규 콘셉트에 기존 아이콘을 사용하지 마라.
- 오픈 소스나 공개 도메인 아이콘이 이미 있는지 확인하라.

#37

아이콘 위에 텍스트를 쓰지 마라

아이콘은 콘셉트를 표현하는 간단한 그림이어야 한다. 아이콘이란 사용자가 클릭하려고 하는 것이 그들이 원하는 것이라는 점을 시각적으로 알려 주는 축약이다.

종종 아이콘 디자이너는 픽토그램pictogram이 적절하지 않아서 쉽게 알아보기 힘들거나 뚜렷이 구분되지 않는다는 사실에 좌절감을 느낀다. 그들은 이러한 문제점을 그림으로 해결하는 대신에 아이콘 디자인에 한 줄의 텍스트를 추가한다. 아이콘을 텍스트 레이블과 함께 표시하는 것을 말하는 것이 아니다. 그것은 필수적이다. 내가 말하려는 것은 바로 아이콘 내부에 텍스트를 포함시키는 성의 없는 관행이다.

그림 37.1: 아이콘에 텍스트가 포함된 3개의 아이콘

첫째로 이것은 노력이 부족한 디자인이며, 둘째로 번역 및 접근성 기능을 해친다. 당신의 제품이 웹사이트라면 구글 트랜슬레이트Google Translate와 같은 온라인 서비스로 번역될 수 있고, 독립된 애플리케이션이라면 '문자열'을 다른 언어로 옮길 수 있는데, 아이콘 내부의 텍스트는 번역되지 않으므로 사용자가 당황하게 된다.

스크린을 읽어 주는 소프트웨어를 사용하며 접근성에 제약을 지닌 사용자도 어려움을 겪게 된다. 아이콘에 포함된 텍스트를 소프트웨어가 '읽어' 줄수 없다. 텍스트 없이도 의미를 전달하는 아이콘을 개발하는 데(또는 공급받는 데) 추가적인 시간과 노력을 기울여라. 그리고 스크린 리더를 위해 설명적인 '대체' 텍스트를 항상 추구하라.

학습 포인트

- 아이콘 안에 텍스트를 포함시키지 마라.
- 아이콘 내부의 텍스트는 번역될 수 없으며 보조 기술로도 읽히지 않는다.
- 텍스트 레이블을 아이콘과 함께 제공해야 하지만, 아이콘 내부에 포함하는 것은 아니다.

#38

항상 아이콘에
텍스트 레이블을 제공하라

아이콘에 포함된 텍스트가 아니라(#37. 아이콘 위에 텍스트를 쓰지 마라 참고) 아이콘 근처에 있는 텍스트 레이블을 말하고자 한다.

모호한 아이콘이 인쇄된 작고 정체불명의 버튼은 쓸모가 없으며, 사용자 네트워크에서 끔찍한 설파늘 안셀같이 보여 순다.

그림 38.1: 어떤 것이 더 이해하기 쉬운가?

사용자가 컨트롤을 바로 인지할 수 있게 돕는 빠른 시각적 축약을 주고, 사용자가 클릭 또는 탭 가능한 대상을 제공한다는 아이콘의 본래 목적으로 돌아가 보자. 아이콘은 사용자가 처음 접하는 버튼을 설명하기 위함이 아니다. 그 경우에는 사용자에게 텍스트 레이블이 필요할 것이다. 하지만 아이콘이 분명하고 쉽게 알아볼 수 있다면 사용자는 아이콘을 통해 컨트롤의 위치를 정확히 찾아내고, 그 기능을 보다 신속하게 기억해 낼 것이다.

우리가 오랫동안 총애해 온 닐슨 노먼 그룹Nielsen Norman Group에는 이를 위한 '5초 규칙'이 있다.

어떤 것에 적합한 아이콘을 떠올리는 데 5초 이상이 걸린다면 아이콘이 그 의미를 효과적으로 전달할 수 있을 것 같지 않다.

다수의 제품에서 아이콘이 너무 많은 제품에 걸쳐 사용되고 시도 때도 없이 오용되고 있기 때문에 어느 하나의 아이콘도 정확한 의미를 전달한다고 믿을 수 없다. 예를 들어 '기록' 기능을 제공한다면 시계, 화살표, 화살표 속의 시계, 모래시계, 종이 두루마리에 이르는 다양한 픽토그램을 선택할 수 있다. 사용자가 당신의 제품 내에서 이 아이콘이 콘텍스트에서 어떤 의미인지를 이해하려면 텍스트 레이블이 필요하다.

디자이너는 종종 모바일 반응형 관점에서 아이콘 레이블을 희생시키는 결정을 내리곤 한다. 그렇게 하지 마라. 모바일 사용자도 콘텍스트에 대한 레이블이 필요하다. 사용자가 당신의 제품을 처음 접하든 매일같이 쓰고 있든 아이콘과 레이블은 함께 작동해서 콘텍스트와 설명을 제공하고, 사용자를 상기시킨다.

자주 사용되는 컨트롤(예를 들어 굵게, 기울임꼴, 밑줄 등)과 같이 텍스트 레이블 없이도 이해 가능한 예외가 있긴 하지만, 주요 메뉴 또는 툴바^{toolbar}에 있는 아이콘은 설명 텍스트가 반드시 함께 위치해야 한다. 또한 빈번하게 사용되는 '전문가' 소프트웨어(예. 보험사 전화 상담원이 매일 하루 종일 사용하는 내부 컨트롤 패널)에서 사용자가 충분히 익숙하거나, 툴을 익히기에 충분한 교육을 받을 수도 있다. 이런 부류의 전문 사용자는 이미 익숙하기 때문에 아이콘 레이블이 필요치 않다. 그러나 대부분의 소비자 또는 B2B 소프트웨어는 해당 사항이 없다. 사용자는 애플리케이션에서 아이콘을 익히는 데 충분한 시간을 쏟지 않는다.

학습 포인트

- 항상 텍스트 레이블을 아이콘과 함께 표시하라.
- 모바일 버전에서 레이블을 숨기거나 가리지 마라.
- 레이블이 없는 아이콘은 사용자에게 좌절감을 주는 주요 원인이나.

입력

사용자의 의도를 시스템에 어떻게 반영하는가? 이 섹션에서는 암호 및 챗봇(chatbot) 인터페이스와 같은 특별한 경우를 포함해서 사용자의 삶을 보다 쉽게 만드는 바로 가기와 함께 간단한 입력(input) 필드를 살펴볼 것이다.

#39

가급적 기기의
기본 입력 기능을 사용하라

스마트폰이나 태블릿에서 전화번호를 누르는 경우 기기에 기본 탑재된 '전화' 애플리케이션은 번호 입력을 위해 성가신 쿼티^{QWERTY} 키보드 사용을 강요하지 않고 커다란 숫자 키패드를 제공할 것이다.

불행하게도 사용자에게 잘못된 입력 기능을 사용하도록 강요하는 일이 우리 제품에서 너무도 빈번하게 일어난다. 이미 있는 것을 활용해서, 고통스러운 입력 경험을 힘이 들지 않는 인터랙션으로 바꿀 수 있다.

그림 39.1: iOS의 '피커' 컨트롤은 성가신 드롭다운 메뉴를 대체한다.

드롭다운은 사용자가 기기 전체 폭의 피커 컨트롤을 쓰게 해야 하며, 숫자 입력에서는 숫자 키패드를 표시해야 한다. 예를 들어 HTML의 입력 필드에 **type=tel** 속성을 추가해 웹 폼^{web form}에서 숫자 키패드를 표시할 수 있다.

```
<label for="phone">Your telephone number:</label>
<input type="tel" id="phone" name="phone">
```

이 방법으로 iOS와 안드로이드 브라우저 양쪽 모두에서 전화 키패드를 표시한다.

그림 39.2: 안드로이드의 전화 키패드

사용자에게 이체할 금액을 입력하도록 요청하는 경우 사용자에게 숫자 키패드를 제공하는 것이 어떠한가? 몬조Monzo 은행은 한 번에 1파운드(£)씩 올리거나 내려서 사용자가 이체 금액을 늘리게 만든다. 만약 누군가에게 1,000파운드를 보내고 싶다면 딱한 일이다.

그림 39.3: '+'를 계속해서 누르게 만드는 안티 패턴

아무리 당신이 뛰어나다고 하더라도 이러한 회사에서 유용한 시스템 컨트롤을 만드는 데 투입한 시간과 돈을 따라갈 수는 없다. 사용자의 기기에 이미 완벽하게 좋은 UI가 내장돼 있으므로 당신이 뭔가를 잘 만들었다고 해도 사용자에게는 학습이 필요한 또 다른 UI로 받아들여질 뿐이다. 내장돼 있는 것을 사용하라.

물론 모든 규칙에는 몇 가지 드문 예외가 있으며, 때로는 날짜 피커 컨트롤에는 약간의 추가 기능이 필요하다(#46, 한 가지 날짜 피커 컨트롤을 일관되게 사용하라 참고).

학습 포인트

- 이미 개발돼 있는 UI를 사용해서 손쉽게 성공하라.
- 기기의 기본 입력 컨트롤을 사용하는 것은 사용자가 학습해야 할 것을 하나 줄여 주는 것을 의미한다.
- 이는 모바일 사용자만을 위한 것이 아니다. 데스크톱 소프트웨어도 이러한 입력 방식에 적합한 컨트롤을 사용해야 한다.

#40

비밀번호 생성 및 입력을
간소화하라

입력 시 비밀번호를 숨김 처리하는 것은 여전히 타당하다. 하지만 현실적으로 생각해 보자. 당신이 소파에 앉아서 애플리케이션에 사인 인^{sign in}을 할 때 누군가가 어깨너머로 훔쳐보는 것은 불가능하다.

'비밀번호 표시' 토글을 제공하는 것은 사용성에 좋을 뿐만 아니라 보안도 향상시킨다. 사용자가 더 길고 복잡한 암호 문구를 입력할 수 있으며, 이를 정확하게 재입력할 수 있다는 확신을 가질 수 있다. 기본적으로는 비밀번호를 숨기되 체크박스나 토글을 제공해서 사용자가 자신의 비밀번호를 확인할 수 있게 하라.

물론 모두가 비밀번호 관리자(모든 사이트의 비밀번호를 생성하고 저장하는 플러그인)를 쓸 수도 있지만, 사실 대부분의 사용자는 그 기능을 쓰지 않는다.

암호의 안전성 강도 규칙을 보여 줘라. 사용자가 계속해서 비밀번호를 입력하게 만들고 나서 뒤늦게 글자, 숫자, 기호의 모호한 조합이 필요하다고 말하지 마라. 비밀번호 필드가 제공되면 그 규칙을 항시 표시하라.

비밀번호 관리자에 대해 한마디만 하겠다. 대부분의 비밀번호 관리자는 브라우저의 컨트롤을 암호 필드에 직접 오버레이^{overlay}해 '탭해서 입력하기'를 지원한다. 이 점을 인지하고 당신의 UI에 맞게 이를 조정해야 한다.

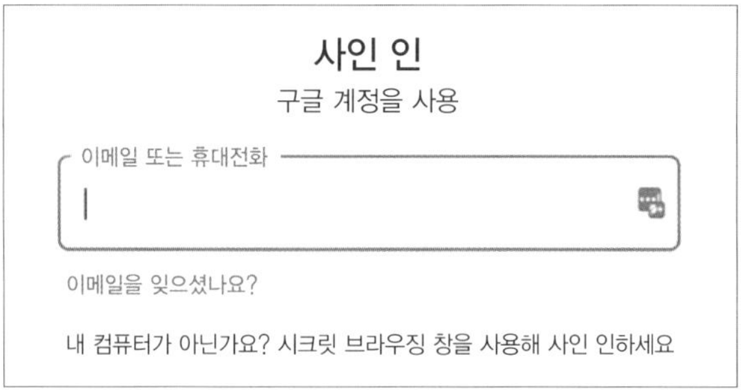

그림 40.1: LastPass 컨트롤은 사용 가능하며 필드에서 표시되지만, 별도 지정한 입력 스타일로 인해 가려지거나 사용 불가인 경우가 종종 있다.

앞의 스크린샷은 '#38. 항상 아이콘에 텍스트 레이블을 제공하라'를 참고하라는 리마인더 역할을 해야 한다. 아이콘을 찾기가 쉽지 않다.

마지막으로 비밀번호가 정확히 입력됐는지 확인하고자 비밀번호를 두 번 입력받을 필요는 없다. 이것은 사용자의 속도를 늦추고, 불필요한 '테스트'를 만들어 내며, 아무런 도움이 되지 않는다. 사용자가 비밀번호를 잘못 입력했다면 나중에 비밀번호를 재설정할 수 있다.

학습 포인트

- 비밀번호를 숨기되 토글을 사용해서 사용자가 비밀번호를 생성하고 다시 사인 인할 때 표시될 수 있게 하라.
- 비밀번호를 설정할 때 따라야 하는 규칙을 표시하라.
- 비밀번호를 설정할 때 사용자가 비밀번호를 재입력하게 하지 마라.

#41

비밀번호 필드에
붙여 넣기를 허용하라

붙여 넣기를 허용하지 않는 패턴이 어디에서 시작됐는지, 또는 이로 인해 예상되는 보안 문제가 무엇인지를 짐작하기 어렵다. 1990년 대로 거슬러 올라가면 '웹마스터webmaster'는 사용자가 이미지를 복사하는 것을 막기 위해 우클릭을 비활성화했다. 이것은 사람들이 이미지를 화면 캡처하면 그만이라는 것을 깨달을 때까지 약 5초 동안 유효했다. 페이지에 자바스크립트JavaScript를 사용해서 사용자가 비밀번호 필드에 붙여 넣는 것을 막는 것은 비정상적이며, 어쩌면 보안에 악영향을 끼칠 수 있다.

그림 41.1: 보안 전문가 트로이 헌트(Troy Hunt)의 블로그 게시물의 스크린샷. '코브라 효과': https://www.troyhunt.com/the-cobra-effect-that-is-disabling/

비밀번호 관리자 애플리케이션 사용자는 필드에 붙여 넣어야 하는 길고 외우기 힘든 비밀번호를 가질 것이다(특히 모바일에서는 필드를 자동으로 채우는 것이 더 까다롭다). 비밀번호 필드에 붙여 넣기를 막으면 사용자는 보안 강도가 약하고 기억하기 쉬운 비밀번호를 사용할 수밖에 없다. 비밀번호 필드에 붙여 넣기를 쓸 수 없게 설정했다면 노트북을 치워야 한다.

기본적인 시스템 동작(복사, 붙여 넣기, 검색, 확대, 우클릭 등)을 방해하지 않는 것이 기본 규칙이다. 이들은 사용자들이 수년간 다양한 기기를 사용하면서 친숙해진 기본 인터랙션이기 때문이다. 제품에서 의도적으로 이러한 동작들을 쓰지 못하게 만드는 것은 말도 안 되는 일이지만, 여전히 벌어지고 있다. 디자이너는 자신이 보안을 향상시키고, 표절 또는 사용자 중심적이지 않은 요소들을 줄일 수 있다고 생각한다.

학습 포인트

- 비밀번호 필드에 붙여넣기를 금지하지 마라.
- 복사, 붙여 넣기, 검색, 확대 및 우클릭 같은 기본 시스템 인터랙션을 방해하지 마라.
- 제품에서 사용자의 비밀번호 관리자 사용을 허용하라.

#42

이메일 주소를
인증하려고 하지 마라

사용자가 이메일 주소를 입력 중이고 당신은 코드를 작성해서 이를 인증할 생각이라면(적절한 포맷인지, 이상한 말을 적거나 잘못 입력한 것은 아닌지 확인하고자), 다시 생각해 봐라.

예전에는 클라이언트 사이드^{client side}에서 이메일 주소를 인증하는 것은 매우 간단했다. 약간의 자바스크립트만으로 도메인이 다음과 같은 형식인지 확인했다.

```
user@domain.tld
```

만약 이 패턴과 일치하지 않으면 유효한 이메일이 아니었고 사용자는 가입할 수 없었다. 우리는 몇 개의 **최상위 도메인**^{TLD, Top-Level Domain}만 보유했다. 지금은 1,000개가 넘는 최상위 도메인을 갖고 있으며 지속적으로 추가하고 있다.

```
stealthy+user@example.ninja
stealthy+user@example.ninja
holidays@🖼.ws
email@www.co
website@email.website
```

위 주소들은 모두 유효한 도메인이다(이 사람들에게 실제로 이메일을 보내진 않기 바란다). 하지만 도메인 목록은 항상 변하고 수많은 예외 상황이 있으므로 이를 검증하기 위한 자바스크립트를 잘 작성해야 한다.

이 부분에 있어서의 부작용은 어떤 에러가 발생하면 사용자의 가입 또는 제품 사용이 거부되고, 이로 인해 사용자가 기기를 박살 내고 싶을 만큼의 불만을 갖고 회원 가입을 포기하는 것이다.

단순히 입력 필드를 '이메일' 입력으로 지정하고(in HTML: `<input type="email">`), 브라우저와 기기에서 나머지를 처리하게 하라(일부에서는 사용자 이메일 주소를 자동으로 채우거나 추천할 것이다). 이메일에 원클릭^{one-click} 링크를 보내는 방법을 사용해서 서버 사이드^{server side}에서 이 주소들을 검증하고 싶을 수도 있다.

학습 포인트

- 클라이언트 사이드에서 이메일을 인증하지 마라.
- 당신이 이메일 주소를 수집 중인 것을 브라우저 또는 기기에 알려라.
- 원클릭 인증 링크를 사용해서 서버 사이드에서 이메일을 인증하라.

#43

사용자가 입력에 쏟은
시간과 노력을 존중하라

참을성 있는 사용자는 종종 작은 모바일 스크린에서 온스크린 키보드를 사용해서 데이터 필드를 힘겹게 채웠다.

사용자가 이 흐름에서 명확하게 벗어나려 하지 않는 한(취소를 누른다든가) 입력된 데이터를 지우지 마라. 뭔가를 클릭하면 페이지가 다시 로드될 것인데 이로 인해 입력 서식이 모두 지워질 수 있다면 사용자가 입력한 데이터를 무엇보다 먼저 저장해야 한다.

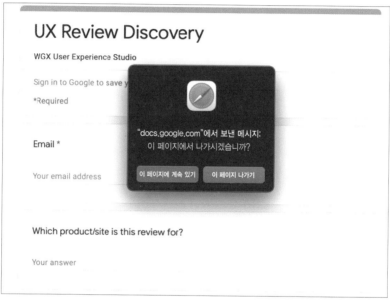

그림 43.1: 일부 사이트와 브라우저 조합에서는 사용자가 입력한 데이터의 우발적인 손실을 막기 위해 벗어나거나 다시 로드하기 전에 사용자에게 경고한다.

이는 기술적 현실이 UX 목표와 충돌하는 좋은 예다. 한편으로는 브라우저가 말을 할 수 있다면 서식을 리로드reload할 때 데이디를 지워야 한다고 주장할 것이다. 말 그대로 빈 서식을 다시 불러오라고 브라우저에 주문하는 것이기 때문이다.

하지만 우리는 로봇이 아닌 인간이며, 좋은 사용자 경험 디자인의 대부분은 공감과 존중에 관한 것이다. 사용자의 시간과 노력을 존중하고, 그들이 얻고자 했던 것에 대한 공감을 표시하는 것이 여기에 포함된다. 사용자 데이터가 모두 제거된 서식을 다시 로딩하는 것은 가장 부주의한 UX 실패 중 하나이며, 사용자를 이보다 더 화나게 만들 수는 없다.

학습 포인트

- 명시적인 허락 또는 어떤 일이 생길지에 대한 적절한 경고 없이 사용자가 입력한 데이터를 지우지 마라.
- 기술팀에 사용자 노력의 손실을 방지하는 기능을 개발하도록 촉구하라.
- 그들의 입장이 돼 보라. 당신이라면 이 모든 내용을 다시 입력하고 싶은가?

#44

여러 줄의 입력 필드에 맞는
적절한 크기를 선택하라

서식은 사용자가 힘들게 탐색해야 하는 거대한 장벽이기 때문에 가능한 한 마찰이 없어야 한다. 일반적으로 전환율이 낮기 때문에 사용자가 쉽게 서식을 채울 수 있게 만들어야 한다.

때로는 사용자에게 1~2개의 간단한 단어(이름 같은)보다 긴 답변을 요구해야 하고, 여러 줄의 입력 필드(또는 '텍스트 영역')가 필요하다. 웹(및 일부 데스크톱 애플리케이션)상의 흔한 실수는 너무 크거나 작은 텍스트 영역을 제공하는 것이다.

텍스트 영역이 너무 크면 사용자가 자신이 입력한 내용을 확인하고자 뷰포트를 조작해야만 하므로 소중한 스크린 공간을 낭비하게 된다.

그림 44.1: 입력받고자 하는 내용보다 지나치게 큰 텍스트 영역

텍스트 영역이 지나치게 작으면 사용자는 자신이 입력한 내용을 확인하기 위해 필드 내에서 스크롤해야 한다.

그림 44.2: 많은 양의 텍스트를 담기에는 말도 안 되게 작은 입력 필드

HTML을 사용하면 한 줄의 입력 필드를 아주 쉽게 지정할 수 있다.

```
<label for="fname">First name:</label>
<input type="text" id="fname" name="fname"><br><br>
```

이 코드는 브라우저에 다음과 같이 표시된다.

그림 44.3: 한 줄의 입력 필드

크기 조정이 가능한 여러 줄의 텍스트 영역은 다음과 같다.

```
<label for="aboutYou">All about you:</label>
<textarea id="aboutYou" name="aboutYou" rows="4" cols="50">
  Enter some information about yourself.
  </textarea>
```

브라우저에 다음과 같이 표시된다.

본인에 대한 몇 가지 정보를
입력해 주세요.

자기 소개:

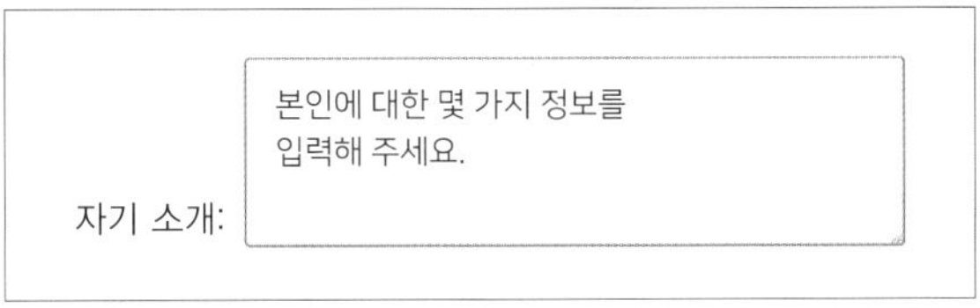

그림 44.4: 여러 줄의 텍스트 입력 영역

이러한 필드에서의 일반적인 답변을 충분히 검토하고 그에 따라 적절한 크기를 선택하라. 이것은 UI 디자인 단계에 앞서 잠깐의 UX 검토가 어떻게 사용자 경험을 현저하게 개선할 수 있는지를 보여 주는 고전적인 사례다.

학습 포인트

- 사용자가 입력해야 하는 텍스트의 양에 기초해 적절한 크기를 선택하라.
- 기본 크기를 사용하지 말고 개별 유스 케이스use case에 맞춰 조정하라.
- 디자인 단계 초기에 이러한 점들을 고려하라.

#45

UI에서 애니메이션은
주의해서 사용하라

사이코패스만이 사용자가 컨트롤을 탭하거나 클릭하려고 할 때 UI를 의도적으로 움직이게 만들어서 사용자가 어쩔 수 없이 '누르고 알아맞히기'를 하게 만들 것이다. 이는 유용한 디지털 제품이라기보다 비디오 게임에 가깝다.

1990년대 말, 2000년대 초에 플래시^{Flash}가 웹에서 인기를 끌면서 많은 디자이너가 UI 애니메이션을 단지 만들 줄 안다는 이유만으로 도입했지만, 이는 십중팔구 잘못된 아이디어다. 불행하게도 UI는 의도치 않은 요인들로 인해 이동 가능하며 실제로 움직여서 사용자들을 좌절하게 만든다.

다음과 같은 시나리오가 익숙한가?

웹 페이지가 로드됐지만 광고 요소(또는 사용자 지정 글꼴)가 별도의 더 느린 서버에서 제공되는가? 페이지가 로드될 때 이러한 광고 또는 글꼴의 도입은 페이지 구성 요소를 이리저리 '이동'하게 만들어서 사용자가 페이지의 잘못된 부분을 클릭하거나 탭하게 만든다.

이 경우 플레이스홀더를 도입해 천천히 로딩되는 요소를 위한 자리를 따로 잡아 둠으로써 로딩 시 페이지가 움직이는 것을 막아서 문제를 해결할 수 있다.

아니면 애니메이션이 진행되는 동안에 잘못된 옵션을 클릭하도록 혼란스럽게 만드는 메뉴를 클릭하는 것은 어떤가? 난 웹을 돌아다니면서 매일 이렇게 하는 것 같다.

모바일 애플리케이션에서 컨트롤을 조작하는 중에 뭔가를 탭하려고 하는 순간 손가락 바로 밑에 잠시 동안만 표시되는 알림이 등장하는데, 이를 탭하면 조작 중인 애플리케이션에서 벗어나서 의도치 않은 다른 애플리케이션으로 이동할 수 있다. UI 컨트롤이 표시될 때 페이드 인/아웃^{fade in/out}되거나 메뉴가 애니메이션 인/아웃되는 것을 '마이크로 애니메이션'이라고 부르는데 꼭 나쁜 것만은 아니다. 이러한 미묘한 전환은 제품에 약간의 느낌과 개성을 더할 수 있지만, 마이크로 애니메이션이 다음과 같도록 주의를 기울여야 한다.

- 사용자를 산만하게 만들지 않도록 미묘함
- 주요 태스크를 방해하지 않도록 짧음

사용자의 소프트웨어 조작을 기대한다면 컨트롤이 움직이게 만들지 마라.

학습 포인트

- UI 컨트롤 요소를 항상 고정시켜라.
- 마이크로 애니메이션은 괜찮지만, 짧고 미묘하게 유지하라.
- 인터페이스가 다양한 기기 및 연결 속도에서 인터페이스가 어떻게 나오는지 테스트하고, 플레이스홀더를 사용해서 '구성 요소의 이동'을 방지하라.

#46

한 가지 날짜 피커 컨트롤을
일관되게 사용하라

성가시고, 제멋대로이고 엉망인 날짜 피커의 문제점은 브라우저 및 모바일 기기 제조사에서 보다 일관된 날짜 피커 UI를 개발함에 따라 이전보다 덜 두드러진다. 기기의 기본 날짜 피커를 활용해서 사용자에게 익숙한 경험과 기기에 맞춰 설계된 UI를 제공할 수 있다

하지만 기본 UI로는 충분하지 않은 경우가 있다. 일부 툴에서는 날짜, 기간, 비교 기간을 위해 보다 복잡한 고급 인터페이스가 필요하기 때문이다. 이 경우 애플리케이션의 모든 곳에서 동일한 날짜 피커 컨트롤을 사용해야 한다.

제품의 다양한 부분에서 동일 태스크에 대해 각기 다른 컨트롤 세트를 제공하면 사용자를 혼란스럽게 만들고 전환율을 떨어뜨린다. 이런 실수가 흔히 발생하는 곳은 휴가 또는 호텔 예약 사이트다. 보통 홈페이지에는 사이트에 방문한 단순 방문자를 '찾아보는 사람'으로 전환시키고자 설계된 크고 알아보기 쉬운 날짜 피커가 제공된다. 사용자가 그들의 여정에 깊이 빠지고 나면 기간을 변경하거나 항공편 또는 렌터카를 선택하게 되는데, 이때 나쁜 UI가 등장해서 다른 날짜 피커를 보여 준다. 이는 사용자가 새롭게 익혀야 하는 부분이다.

UI에서 일관성을 유지하라. 동일한 UI를 다른 유형으로 제시해 고객을 혼란스럽게 만들지 마라. 이것은 사용자의 시간을 존중하지 않고 추가 시간을 뺏는 셈이다. 끔찍한 UI와 씨름하기에 인생은 너무 짧다.

학습 포인트

- 제품 전반에서 동일한 스타일의 날짜 피커를 사용하라.
- 시스템 기본 컨트롤을 사용하는 것은 일관성 강화에 도움이 될 수 있다.
- 하나의 컨트롤을 여러 개의 버전으로 제공하는 것은 사용자를 혼란스럽게 하고 전환율을 떨어뜨린다.

#47

'비밀번호 찾기' 필드에서
사용자 이름을 미리 채워라

사용자가 사인 인을 시도했다가 실패한다면 틀림없이 다음 행동으로 '비밀번호 찾기'를 클릭할 것이다. 사용자가 이메일을 다시 입력하게 하지 마라. 사용자가 '비밀번호 재설정'을 탭하고 계속 진행할 수 있도록 앞서 사인 인 시도에서 입력한 내용으로 사용자 이름 필드를 미리 채워라.

애플리케이션에서 비밀번호 찾기 플로flow는 지표에서 확인한 것처럼 매우 많이 사용되는 기능이다. 어려운 비밀번호를 쓰면서 매번 잊어버리고 재설정하는 사용자가 쉬운 비밀번호를 쓰는 사용자보다 더 안전할 수 있다. 다음 규칙에 따라 비밀번호 찾기 필드를 쉽게 만들어 보자.

- 사용자가 비밀번호를 틀리면 마지막으로 사용한 사용자 이름(또는 이메일)으로 사용자 이름 필드를 미리 채우고 '비밀번호 찾기' 버튼을 표시하라.

 당신의 시스템에 사용자 이름(또는 이메일)이 존재하는지 여부를 확인하거나 거부하지 마라. 이는 악의적인 사람이, 예를 들어 피싱 공격을 지원하는 데 사용할 수 있다.

- 사용자가 버튼을 누르면 30분보다 짧은 일정 시간 동안만 유효한 링크를 이메일(또는 SMS)로 보내라.
- 링크를 탭하면 신규 비밀번호를 입력할 수 있는 페이지가 열려야 한다.
- 링크가 여러 차례 사용돼도 계속해서 작동돼야 한다(사용자는 종종 실수로 링크를 더블클릭한다).
- 신규 비밀번호가 설정되면 사용자는 자동으로 사인 인돼야 한다.

다시 방문한 사용자가 사인 인할 수 없어서 겪는 좌절감을 줄여 주는 것은 그들의 경험을 극적으로 개선시키는 신의 한수다.

학습 포인트

- 비밀번호 재설정을 하는 사용자는 이미 당신에게 사용자 이름을 제공했으니 그것을 다시 사용하라.
- 링크를 간단히 탭 또는 클릭해서 비밀번호를 재설정할 수 있게 하라.
- 비밀번호가 재설정되면 자동으로 사인 인시켜라.

#48

대소문자를 구분하지 마라

많은 시스템은 기본적으로 대소문자를 구분하지 않는데, 당신이 눈치채지 못한 이유는 그것이 당연한 것이고 매끄럽게 작동하기 때문이다.

예를 들어 Will@WillGrant.org에게 이메일을 보내면 will@willgrant.org 에서도 동일하게 수신된다. www.WikiPedia.ORG를 방문하면 www. wikipedia.org와 동일한 곳으로 이동한다.

이메일 시스템과 도메인 이름 시스템은 모두 대소문자를 구분하지 않는데, 이는 1970년대를 돌아보면 좋은 결정이었다. 이 결정 덕분에 기술 지원을 위한 수많은 시간 투입을 피할 수 있었다.

그럼에도 사용자 이름 또는 이메일 주소 입력 시, 대소문자를 구분하는 애플리케이션과 웹사이트를 여전히 찾을 수 있다. 사용자 이름에 대문자가 있는 것을 잊어버려서 사인 인을 못하는 것과 같은 에러가 발생할 뿐만 아니라 기억을 하더라도 성가신 모바일 키보드로 대소문자를 변환하는 것은 골치 아픈 일이다.

대소문자 구분을 잘못 사용하면 사용자가 매우 이해하기 힘든 에러를 유발한다. 사용자는 제대로 작동하지 않는 이유를 알지 못하며, 이는 가장 짜증나는 에러 유형이다.

어떤 이유로 대소문자 구분 기능을 추가해야 하는 경우에는 '사용자 이름은 대소문자를 구분합니다'와 같은 힌트와 함께 사용자에게 도움을 제공하라. 비밀번호는 항상 대소문자를 구분해야 한다. 그 외에 모든 것은 대소문자를 구분해야 하는 특별한 이유가 없는 한 대소문자 구분이 없는 것을 기본으로 해야 한다.

학습 포인트

- 확실하지 않다면 대소문자 구분이 없는 것을 기본으로 하라.
- 비밀번호는 항상 대소문자를 구분하라.
- 대소문자를 구분해야 하는 경우에는 사용자에게 미리 일러라.

#49

챗봇은 별로다

대화식 사용자 인터페이스^{CUI, Conversational User Interface}는 현재 '과대광고 주기^{hype cycle}'의 최상단에 있으며, 은행 및 보험 애플리케이션부터 아마존 및 애플과 같은 온라인 스토어에 이르는 모든 서비스의 구석에 위치한 '채팅 상담' 버블을 보지 않고는 웹을 돌아다니기 힘들 지경이다.

CUI는 그 자체가 나쁜 것은 아니다. 목적이 명확하며 단순하고 사용자에게 널리 알려져 있다. 문제는 상대편에 무엇이 있는가다. 사용자는 누구와 대화하고 있는가?

고객으로 내가 겪은 최고의 사용자 경험 중 일부는 온라인 채팅 사용에서 비롯됐다. 아마존에 제품의 결함에 대해 말하고 즉시 환불을 받거나, 전기 기술자에게 몇 분 안에 새로운 스마트 계량기가 필요하다고 말한 것이다.

내가 겪은 최악의 사용자 경험이 무엇인지 알고 싶은가?

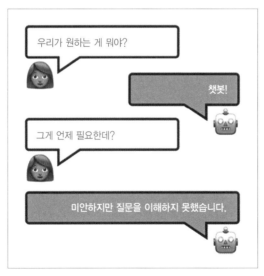

그림 49.1: 내가 써보면 좋을 챗봇을 찾으면 알려 주세요.

챗봇의 핵심 문제는 바로 이것이다. AI 또는 언어 처리가 사용자의 요청을 적절하게 처리하기에 충분치 않다는 점이다. 챗봇이 인터랙션에서 갖는 유일한 장점은 상담원을 없애고 '고객 지원을 원하시면 1번을 누르세요'라는 끔찍한 전화 시스템에 해당하는 웹 버전을 제공한다는 것이다.

따라서 실제 고객 상담원으로 사용자를 대응하라. 응답을 받기까지 얼마나 걸릴지(또는 대기 순서가 몇 번째인지)를 알려 주고, 상담원이 입력 중일 때 인디케이터indicator를 표시하라. 콜 센터의 전화선을 줄이고도 만족스러운 사용자를 얻게 될 것이다.

학습 포인트

- 채팅을 제공할 것이라면 사람을 상대편에 배치하라.
- 사용자가 관심을 가질 수 있도록 현실적인 대기 시간을 알려 줘라.
- 상담원이 입력 중임을 사용자에게 알려라.

서식

애플리케이션과 웹사이트에서 서식(form)을 채우는 일은 종종 골칫거리지만, 꼭 그래야만 하는 것은 아니다. 몇 가지 간단한 단계와 모범 사례를 적용하는 것은 머리를 쥐어뜯는 좌절감과 매끄러운 서식 경험 사이의 차이를 만들 수 있다.

#50

서식이 좋으면 제품도 좋다

우리는 디자인을 고상한 측면에서 바라보고 싶어하지만, 서로에게 솔직해지자. 대부분의 애플리케이션은 단지 서식일 뿐이다. 음식을 주문하고, 데이트를 하고, 집을 살 수 있게 해주는 복잡한 서식이다.

거의 모든 종류의 소프트웨어 제품에는 서식(사용자가 채워야 하는 텍스트, 숫자, 다른 데이터의 입력을 위한 페이지)이 포함된다. 서식은 주요 불만의 원인이지만, 서식과 데이터 입력을 매끄럽게 만든다면 소비자는 당신에게 고마워할 것이고 전환율은 향상될 것이다.

서식은 시간이 많이 걸리고 길고 복잡하기 때문에 사람들은 대체로 서식 작성을 꺼린다. 데이터 입력 프로세스를 간소화하고 최적화해서 사용자의 삶을 더 쉽게 만들어 주자.

서식 클럽의 첫 번째 규칙은 다음과 같다. 필요 이상의 정보를 묻지 마라. 사용자는 사이트 가입 시 다음 항목을 반복적으로 요구받는다.

- 이름
- 성
- 가운데 이름
- 이메일 주소
- 직책
- 회사
- 번지
- 도시
- 국가
- 주
- 우편번호(ZIP 코드)
- 전화번호(집)

- 전화번호(휴대폰)

- 전화번호(사무실)

- 비밀번호(멋대로 정한 비밀번호 복잡성 규칙과 함께)

- 비밀번호(재입력)

이쯤 되면 사용자는 당신의 제품 또는 서비스에 가입하는 것을 포기하기 직전이다. 이 모든 정보가 필요하지는 않다. 엔지니어가 이를 지원하는 사용자 테이블을 설계했을 수도 있고, 어쩌면 마케팅 담당자가 인구 통계 또는 광고 우편물 발송을 위해 이를 원할지도 모르지만, 당신의 사용자는 그것을 원하지 않는다. 다 없애 버려라.

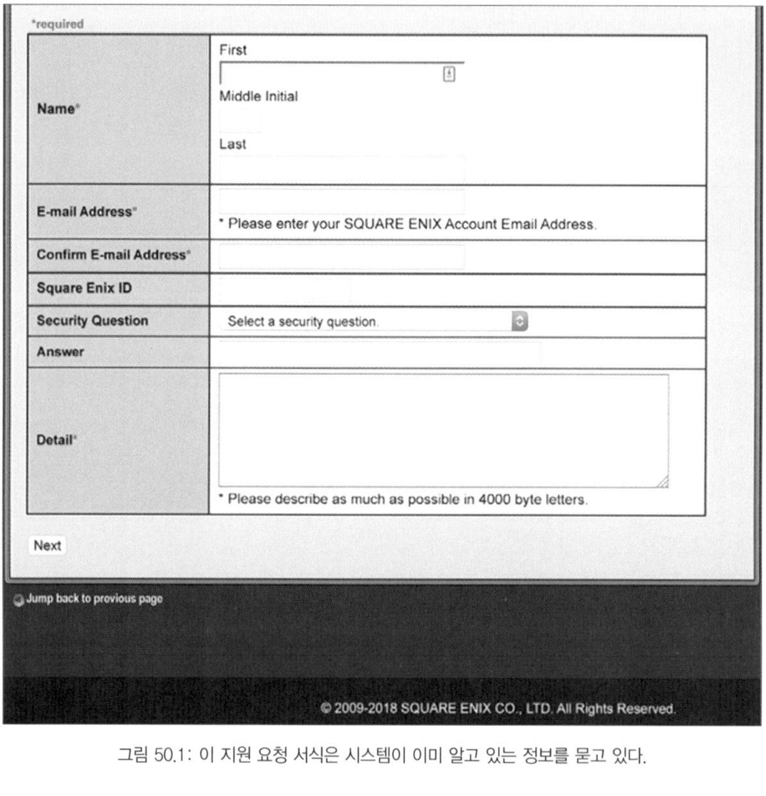

그림 50.1: 이 지원 요청 서식은 시스템이 이미 알고 있는 정보를 묻고 있다.

이상적인 상황이라면 사용자는 다음 정보만으로 제품에 가입할 수 있어야 한다.

- 이메일 또는 휴대폰 번호
- 비밀번호(한 번만 묻기. 만약 잘못 입력했다면 사용자가 재설정할 수 있다)

다른 정보가 정말로 필요하다면 이렇게 구성하라.

- 이름(유형 상관없이 띄어쓰기로 구분). 가입의 필수 항목이 아니라 선택적인 프로필에서 추가할 수 있다.
  - 모든 이름이 [이름 성]의 '서양' 형식으로 돼 있지는 않으며, 다른 문화권의 이름에 대해 오류가 발생해서는 안 된다.
  - 또한 필드 길이를 고려하고 글자 제한을 너무 짧게 만들지 마라. 비영어권의 이름은 '조 스미스Joe Smith'보다 훨씬 길다.
- 주소(집 번호, 번지 및 우편번호/ZIP 코드로 충분하다). 그런데 진심으로 하는 말인데, 고객에게 실제 물품을 발송하는 것이 아니라면 대체 왜 이것을 묻는가? 이것은 사용자 중심이 아니라 회사 중심적이다.

서식에서 사용자에게 수많은 정보 입력을 요구하는 것은 전환율을 현저하게 낮추는 확실한 방법이다. 사용자가 꼭 채워야 하는 서식이라면 적어도 요구하는 정보가 왜 필요한지 그리고 정보가 어떻게 사용될지를 그들에게 말해 줘라. 너무도 많은 제품이 이 부분에서 실수하고 있다. 따라서 좋은 서식 경험을 제공하고 사람들이 쓰고 싶어하는 제품을 만들기 좋은 기회다.

당신의 삶을 바꿀지도 모르는 몇 가지의 서식 관련 원칙들을 읽어 봐라.

학습 포인트

- 필요 이상의 정보를 요구하지 마라.
- 정보를 왜 수집하는지, 그리고 그 정보로 무엇을 할 것인지를 사용자에게 설명하라.
- 서식에 필드를 추가할 때마다 전환율은 떨어진다.

#51

되도록 빨리
데이터 입력을 검증하라

서식 검증은 사용자가 공들여 입력한 정보 중 일부에 문제가 있음을 시각적 피드백으로 보여 주는 것을 의미한다.

사용자가 다음 필드로 이동하면 기존 필드에 대한 입력을 끝냈다는 것을 알 수 있으므로 이때 가능한 한 빨리 필드에 입력된 데이터를 검증하라.

클라이언트 사이드 검증이 항상 기술적으로 가능한 것은 아니지만, 어디서 든 검증하는 것을 목표로 해야 한다. 에러가 있을 때 서버로 '왕복'하고 돌 아오는 것은 답답하기 때문이다.

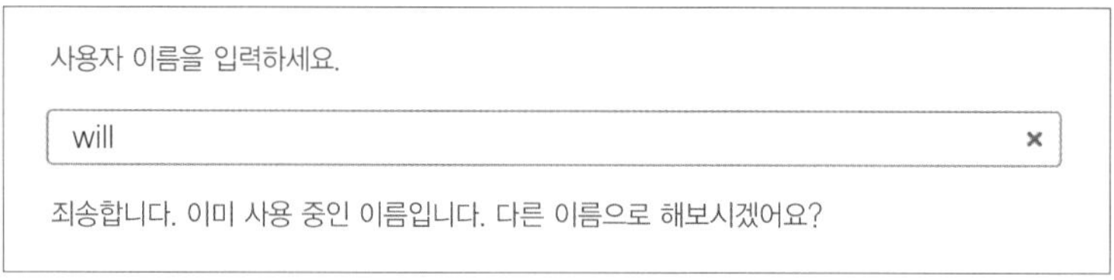

사용자 이름을 입력하세요.

| will | ✕ |

죄송합니다. 이미 사용 중인 이름입니다. 다른 이름으로 해보시겠어요?

그림 51.1: 사용자가 서식을 제출하기 전에 다시 시도하라고 알려라.

일반적인 프로그래밍 언어 및 프레임워크를 위한 타사의 다양한 검증 라이 브러리를 비롯해 많은 기법이 있다. 열악했던 예전에는 사용자가 제출한 후에 에러가 발생한 지점에 학교 숙제처럼 빨간색으로 마킹된 서식(어떨 때 에는 부분적으로만 채워진)을 돌려받았다.

요즘에는 무엇이 틀렸는지(예를 들어 전화번호에 숫자가 너무 적다든가) 그리고 이를 바로잡고자 취할 수 있는 조치가 무엇인지를 사용자에게 보여 줘야 한다.

날짜 피커와 같이 사용 빈도가 낮은 입력에서도 마찬가지다. 예를 들어 호 텔 투숙객이 체크인 날짜보다 이전에 체크아웃할 수 없다는 것을 알 수 있 는 로직을 포함시켜야 한다. 이것은 일반적인 많은 문제를 막을 수 있게 도 와주는 간단한 로직이다.

사용자가 실수를 했다고 해서 절대로 서식 데이터를 지우지 마라(#43, 사용자가 입력에 쏟은 시간과 노력을 존중하라 참고). 예외는 서식 제출 후에 난독화 처리되는 결제 카드 정보가 될 수 있다.

일반적인 에디를 바로잡아서 획득 가능한 보너스 점수가 있다. 예를 들어 사용자가 gmail.con으로 끝나는 이메일 주소를 입력하면 다음과 같은 제안을 표시할 수 있다. **gmail.com을 말하시나요? 수정해 주세요!**

학습 포인트

- 사용자에게 어디에서 실수했는지 가능한 한 빨리 보여 줘라. 단, 사용자가 해당 필드를 완성할 기회를 얻은 후에 말이다.
- 사용자가 서식을 제출할 때까지 기다리지 마라.
- 분석 정보를 사용해서 일반적인 에러를 식별하고, 확인 및 제안을 통해 에러를 제때 처리하라.

#52

서식을 검증하지 못한다면
어떤 필드에 주의해야 하는지를
사용자에게 보여 줘라

꼭 서버 사이드에서 검증을 해야 하고 클라이언트 사이드에서는 검증할 수 없다면(#51. 되도록 빨리 데이터 입력을 검증하라 참고), 사용자에게 앞으로 무엇을 해야 하는지 말도 없이 '에러가 발생했습니다'와 같은 포괄적인 메시지를 서식과 함께 돌려주지 마라

사용자는 여러 가지 데이터를 입력했을 것이고, 서버 사이드 검증을 거쳐 서식이 되돌아오고 나면 서식의 콘텍스트를 머릿속에 다시 한 번 집어넣어야 한다. 최악의 방법은 사용자가 직접 전체 서식을 다시 살펴보면서 무엇을 잘못 입력했는지 찾게 만드는 것이다.

에러를 찾기 위해 전체 서식을 다시 스캔해야 하는 것은 수정이 필요한 특정 필드에 주의를 기울여야 하는 스크린 리더(또는 기타 보조 기술)를 사용하는 시력이 안 좋은 사람의 경우에는 더 나쁘다. 서식에서 문제점(또는 문제점들)을 강조 표시하고, 수정이 필요한 부분을 사용자에게 보여 줘라.

그림 52.1: '전체 서식'이 아니라 정확히 어느 부분에 주의를 기울여야 하는지를 사용자에게 보여 줘라.

국제 표준 기구인 월드 와이드 웹 컨소시엄W3C, World Wide Web Consortium의 웹 콘텐츠 접근성 가이드라인WCAG, Web Content Accessibility Guidelines에는 이에 관한 섹션이 포함돼 있다. 사용자 입력이 필수 형식 또는 값을 벗어날 때 설명을 제공하라(https://www.w3.org/WAI/WCAG21/Techniques/general/G85). 이것은 어떤 필드에 주의를 기울여야 하는지를 디자이너에게 명시적으로 조언한다.

사용자에게 그들이 제출한 것과 동일한 서식을 돌려주고 나서, 일종의 퍼즐처럼 무엇이 틀렸는지를 그들이 찾아내길 기대하는 것은 세상에서 가장 끔찍한 비디오 게임이다.

학습 포인트

- 서버 사이드 검증에서는 사용자가 피드백을 받기까지 딜레이^{delay}가 발생하므로 그들이 콘텍스트를 기억할 수 있도록 도와라.
- 사용자에게 어떤 영역에 주의를 기울여야 하는지를 정확하게 알려 줘라.
- '문제가 있습니다'와 같이 포괄적인 메시지는 피하라.

#53

사용자는 데이터 포맷을 모른다
(그리고 신경도 안 쓴다)

서식과 더 폭넓은 UX 관련 양쪽에서 굉장히 중요한 원칙은 '너그러워져라'로 요약될 수 있다.

사용자의 행동은 종종 이상하고 종잡을 수 없어 보이지만, 그들에게는 그럴듯한 이유가 있기 마련이다.

- 이름에 특수 문자(억양 표시나 아포스트로피apostrophe)가 있어서 이름을 저장할 수 없는 사용자
- 잘못된 지역 번호 검증 규칙 때문에 전화번호를 입력할 수 없는 사용자
- 카드번호에서 숫자 그룹 사이에 띄어쓰기를 하는(또는 하지 않는) 사용자
- 이모티콘으로 이름을 적는 사용자(실제로 벌어지는 일이다)

개발자가 전화번호 필드를 12개의 숫자로 설정했다는 이유로 불쌍한 사용자에게 이러한 미친 짓을 강요하지 마라.

소프트웨어는 너그러워야 한다. 이름을 하이픈hyphen과 아포스트로피가 들어간 복합적인 이름으로 구성할 수 있게 해야 한다. 필수가 아닌 필드는 사용자가 건너뛸 수 있게 해야 한다. 전화번호에서 지역번호는 필수가 아니며, 내선번호는 사용자가 원할 때 입력 가능해야 한다. 사용자가 우편번호를 형식에 얽매이지 않고 입력할 수 있게 해야 한다. 예를 들어 띄어쓰기를 하게(또는 하지 않게) 강요하지 마라.

이러한 자유도는 백엔드back-end에 문제를 일으킬 것이고 개발자는 불행해질 수 있다. 하지만 이것은 사용자가 아니라 당신이 해결해야 할 문제다.

이러한 조치 중 일부는 개발자들에게 기술적 복잡도 또는 더 큰 업무 부담을 줄 수도 있지만, 이를 위해 검증된 기술이 있다. 당신의 제품은 사용자에게 도움을 주기 위함이지 내부 개발 팀의 삶을 더 편리하게 만들기 위함이 아니다.

학습 포인트

- 데이터 입력 방식에서 사용자에게 융통성을 제공하라.

- 기술적인 난제를 사용자의 문제로 만들지 마라.

- 사용자가 당신의 제품을 예상치 못한 방식으로 사용할 수도 있다.

#54

작업에 적합한 컨트롤을 선택하라

UX 디자이너는 선택 가능한 컨트롤 및 UI 요소에 대한 폭넓은 팔레트를 갖고 있기 때문에 서식에서 잘못된 컨트롤이 추가된 것을 보는 것은 흔치 않은 일이다.

작업에 적합한 컨트롤을 사용해서 제품의 UX를 상당히 향상시킬 수 있다. HTML5는 컬러 피커, 전화번호 입력, 유효성 검증이 가능한 URL 입력 등을 포함해서 모든 최신 브라우저에서 지원되는 광범위한 서식 컨트롤이 있으며, iOS 및 안드로이드의 UI 라이브러리에는 거의 모든 경우에 사용할 수 있는 광범위한 컨트롤이 포함돼 있다.

사용자에게 완벽한 기능을 갖춘 컬러 피커를 제시하라.

```
<input type="color" id="color" name="color">
```

이렇게 하면 그림 54.1과 같은 UI가 생성된다.

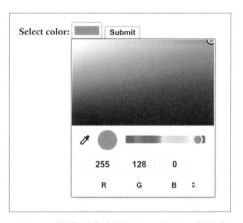

그림 54.1: 완전한 컬러 피커가 HTML로 무상으로 제공된다!

마찬가지로 사용자가 시스템 기본 날짜 피커를 사용해서 월과 연도를 선택하게 하라.

```
<input type="month" id="month" name="month">
```

이렇게 하면 그림 54.2와 같은 UI가 생성된다.

그림 54.2: 기본 HTML 날짜 피커는 매우 유용하다.

적절한 선택이 항상 가장 명확한 컨트롤은 아닐 수도 있다. 다음은 몇 가지 예다.

* 사용자에게 예/아니오(또는 다른 양자택일)를 더 간단한 토글 스위치가 아닌 2개의 라디오 버튼으로 제시하기
* 옵션이 몇 개 되지 않는데 드롭다운 컨트롤을 남용하기(드롭다운은 선택 가능한 옵션을 알아보기 어렵게 만들기 때문에 다른 컨트롤을 사용하는 편이 나을 수 있다. #20, 옵션이 많지 않다면 드롭다운 메뉴를 사용하지 마라 참고)
* HTML 컬러 입력 타입이 폭넓게 지원되고 사용자의 기기에 적합한 맞춤형 컨트롤을 제공함에도 불구하고 컬러 선택을 위한 별도의 '자신만의' UI를 만들기

다시 한번 말하지만, 이것은 초기 단계에서 약간의 생각만으로도 사용자의 좌절감을 상당 부분 덜어 줄 수 있는 영역이다.

학습 포인트

- 작업에 가장 적합한 UI 컨트롤을 사용 중인지 잘 생각해 봐라.

- 가장 일반적으로 사용되는 접근법이 최선이 아닐 수도 있다.

- 사용 가능한 표준 컨트롤이 있다면 당신만의 것을 별도로 만들지 마라.

사용자 데이터

이 섹션에서는 입력과 서식의 확장으로 사용자 입력을 처리하는 '특별한 경우'를 다룬다. 결제, 통화, 배송, 이미지는 모두 검증된 UX 원칙이 적용된다.

#55

사용자가 원하는 대로
전화번호를 입력할 수 있게 하라

전화번호 입력은 가급적 사용자가 힘들지 않아야 한다. 번호를 검증하고, 숫자 그룹으로 나누고, 괄호 또는 웹상에서 볼 수 있는 이상한 속임수를 적용하지 마라. 미국 번호를 요구하는 서식에 영국의 모바일 번호를 넣으려고 한 적이 있다면 어떤 느낌인지 알 것이다

이러한 종류의 디자인은 전통적인 종이 서식 작성에서 비롯됐다는 것이 내 이론이다. 디자이너가 과거 종이 서식이었던 것을 새로운 웹 애플리케이션에 복사하거나 재현하라는 과제를 받았고, 그들은 이를 문자 그대로 받아들여서 그 결과 사용자가 끔찍한 경험을 하게 된다.

잠시 멈추고, 과연 대부분의 가입 서식에서 전화번호가 정말 필요한지를 생각해 보라. 난 전화 사용을 싫어한다. '전화' 애플리케이션은 내 폰에서 가장 싫어하는 애플리케이션이다(지우려고 했는데 삭제 불가다). 하지만 전화번호를 반드시 수집해야 하는 경우도 있을 수 있다고 생각한다.

사용자가 자신의 전화번호를 그냥 입력하게 하고, 당신의 똑똑한 전화번호 감지 기능을 실행시켜서 서버 사이드에서 분석하라. 프론트 엔드^{front-end} HTML에서는 `<input type="tel">`를 사용해야 한다. 모바일 기기에서는 필드가 탭 됐을 때 전화번호 키패드가 표시되며, 최신 스마트폰에서는 '자동 채움'이 작동해서 사용자가 탭 한 번으로 자신의 번호를 추가할 수 있다.

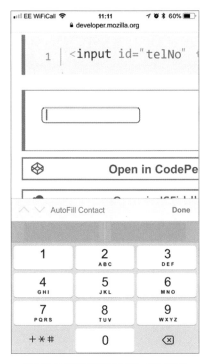

그림 55.1: '전화' 필드에 표시되는 숫자 키패드

이 서식의 HTML은 다음과 같다.

```
<label for="phone">Enter your phone number:</label>
<input type="tel" id="phone" name="phone">
```

학습 포인트

- UI에서 전화번호를 검증하거나 분석하려 하지 마라.

- 사용자가 자신의 번호를 그냥 입력할 수 있게 하라.

- 모바일에서는 사용자에게 숫자 키패드를 보여 줘라.

#56

날짜 입력에서 드롭다운을
센스 있게 사용하라

전체 날짜(생년월일처럼)를 입력하는 사용자에게 연도는 숫자 입력, 월일은 드롭다운으로 제공해야 한다. 월일은 그리 길지 않기 때문에 드롭다운이 번거롭게 느껴지지 않는다. 드롭다운은 월일의 순서가 미국과 유럽이 반대 인 이슈도 함께 해결한다.

하지만 연도에서는 드롭다운을 사용하지 마라. 노인들이 1900년도 초까지 스크롤하게 강요하는 것은 말도 안 되며 아주 잔인하게 보인다. 모바일에 서는 반응형 디자인을 사용해서 모바일 사용자에게 iOS와 안드로이드에 맞 춤 설계된 UI인 날짜 피커를 제공해 손쉽게 날짜를 선택할 수 있게 하라.

솔직하게 말해 보자. 당신만의 모바일 날짜 입력 UI를 별도로 개발할 것인 가, 아니면 당신을 위해 온갖 노력을 기울인 애플과 구글 디자이너, 연구원 의 업적을 이용하겠는가?

시스템 기본 날짜 피커는 사용자에게 친숙하며, 인지 부하를 덜어 주고 학 습해야 할 것을 하나 덜어 준다.

그림 56.1: iOS 14의 날짜 피커

그림 56.2: 안드로이드의 날짜 피커

이에 대한 한 가지 예외는 사용자가 고객의 날짜를 자주 입력해야 하는 기업용 '전문가' 시스템이 될 수 있다. 이 경우 숙련된 일상 사용자에게 텍스트 <input> 필드를 제공하고 키보드 숫자 패드를 사용해서 DDMMYYYY를 입력하게 하는 것이 더 쉬울 수 있다.

학습 포인트

- 월일은 드롭다운을 사용하라.
- 연도는 숫자 입력을 사용하라.
- 모바일 기기에서는 시스템의 기본 날짜 피커를 보여 줘라.

#57

결제 카드 정보를 요구할 때에는
최소한의 정보만 받아라

많은 사이트와 애플리케이션의 최종 목표는 사용자가 제품이나 서비스에 대한 비용을 지불하게 만드는 것이다. 이것은 축하할 만한 일이다. 사용자가 힘들게 번 돈을 기쁘게 쓸 만큼 좋은 뭔가를 우리가 만든다거나 제공하고 있다는 의미다. 그런데 우리는 왜 사용자가 지불하는 것을 이리도 어렵게 만들고 있는가?

수년에 걸쳐 우리는 온라인에서 비용을 지불하는 것이 무엇을 의미하는지에 대한 견고한 멘탈mental 모델을 짜 맞춰 왔다. 이 모델을 다르거나 더 복잡한 것으로 바꾸려는 시도는 사용자 저항과 혼란을 야기할 것이다. 신용 카드 또는 직불 카드 번호는 사용자가 입력하기 버거운 데이터 분량이므로 가능한 한 입력을 쉽게 만들어라.

- 필요한 것만 수집하라. 카드 번호, 유효 기간 및 CV2 코드만 있으면 거의 대부분의 온라인 구매에 충분하다.
- 결제 서비스 제공업체에 따라 우편/ZIP 코드를 입력해야 하는 경우도 있다.
- 사용자가 카드 번호 전체를 하나의 필드에 입력하게 하되 입력하는 동안에 시각적으로는 숫자 4개씩 그룹으로 나눠라. 이렇게 하면 에러를 찾기 쉬우면서 사용자가 4개의 분리된 입력 필드 사이로 이동할 필요가 없다.
- 사용자가 스페이스 바를 누르면 빈 칸을 제거하라.
- CV2 또는 카드 보안 코드를 어디서 찾아야 하는지에 대한 도움말을 포함하라. 일부에서 이 코드를 다르게 부른다는 이유로 고객을 놓쳐서는 안 된다.

스트라이프Stripe의 체크아웃(그림 57.1)은 클릭하면 추가 정보를 볼 수 있는
매우 유용한 아이콘을 사용해서 이를 잘 처리하고 있다.

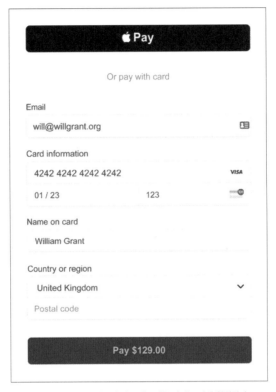

그림 57.1: 스트라이프의 기본 체크아웃 처리는 거의 완벽하다.

애플 페이Apple Pay 및 안드로이드 페이Android Pay 지원을 통해 보너스 포인트
를 얻을 수 있다. 모바일 사용자는 세부 정보 입력을 하는 동안 오류가 발
생하기 쉬운 방법 대신 탭 한 번으로 안전하게 결제할 수 있다.

'발급' 일자, 발급 번호 또는 우편/ZIP 코드, 또는 필요할 것 같다고 생각하는 그 외 10개 정보를 수집할 필요가 없다면 수집하지 마라. 모든 서식 필드는 사용자가 해야 하는 또 다른 일이고, 찾아서 분석해야 하는 또 다른 정보이며, 사용자가 난관에 빠지거나 변심하거나 지루해 하거나 또는 지불 서식 작성을 관둘 수 있는 또 하나의 위험이다.

마지막으로 서식 필드에 표준 용어를 사용하라. 이렇게 하면 데스크톱 및 모바일 최신 브라우저가 보안 암호 저장소에서 카드 정보를 감지하고 자동으로 채울 수 있다. 그런 다음 사용자는 세부 정보를 빠르게 검토하고 '결제'를 클릭하기만 하면 된다.

스트라이프 또는 쇼피파이와 같은 서비스를 사용하는 경우 이 작업이 자동으로 수행되지만, 자체 HTML을 작성하는 경우 이 마크업은 모든 최신 브라우저에서 자동 채움을 수행한다.

```html
<label for="frmNameCC">Name on card</label>
<input name="ccname" id="frmNameCC" required
placeholder="Full Name" autocomplete="cc-name">

<label for="frmCCNum">Card Number</label>
<input name="cardnumber" id="frmCCNum" required
autocomplete="cc-number">

<label for="frmCCCVC">CVC</label>
<input name="cvc" id="frmCCCVC" required
autocomplete="cc-csc">

<label for="frmCCExp">Expiry</label>
<input name="cc-exp" id="frmCCExp" required
placeholder="MM-YYYY" autocomplete="cc-exp">
```

이렇게 하면 다음과 같은 UI가 생성된다.

그림 57.2: 자동 채움 최적화를 위한 맞춤형 서식 필드

학습 포인트

- 거래에 필요한 최소한의 정보만 수집하라.
- 관대해져라. 실수로 입력된 띄어쓰기는 지우고 숫자는 알아보기 쉽게 만들어라.
- 사용자 기기에 카드 정보가 저장된 경우 브라우저에서 카드 정보를 자동으로 채울 수 있도록 마크업을 최적화하라.

#58

우편 또는 ZIP 코드 입력을
쉽게 만들어라

우편번호 또는 ZIP 코드는 나라별로 크게 서로 다르다. 포맷을 추측하려 하지 마라. 사용자에게 텍스트 입력 필드를 제공하고 그들이 자신의 코드를 입력하게 하라. 필요하다면 서버 사이드에서 검증을 수행할 수 있다.

내가 최근에 목격한 더 뛰어난 일부 서식에는 '실시간 검색'이 지원된다. 우편번호(또는 그중에 일부)가 입력될 때 가능한 주소 목록이 표시되며, 사용자는 탭이나 클릭으로 선택할 수 있다. 분명 이 방식은 사용자가 주소 입력을 위해 거쳐야 하는 키 누름과 클릭 수를 줄여 주며, 필드를 이미 검증된 데이터로 미리 채워서 에러 발생률을 감소시킨다. 구글의 '플레이스 오토컴플리트Place Autocomplete'를 포함해 이를 제공하는 여러 무료(및 유료) 서비스가 있다.

웹 페이지(기본 애플리케이션의 반대)를 처리하는 경우라면 HTML의 입력 요소에 자동 완성 속성을 사용하면 일부 브라우저에서 해당 필드에 자동 채우기 기능을 제공한다.

```
<input autocomplete="shipping postal-code">
```

이 기능은 안드로이드와 iOS 브라우저에서 작동하며, 사용자에게 한 번의 탭으로 우편번호를 채울 수 있는 기회를 제공한다.

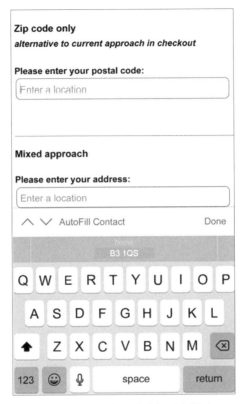

그림 58.1: 한 번의 탭으로 우편번호 미리 채우기

모든 최신 브라우저에서 잘 작동하는 다음의 권장 마크업^{markup}을 사용해 브라우저에 도움을 제공하라.

```
<label for="frmAddressS">Address</label>
<input name="ship-address" required id="frmAddressS"
placeholder="123 Any Street" autocomplete="shipping
street-address">

<label for="frmCityS">City</label>
<input name="ship-city" required id="frmCityS"
```

```
placeholder="New York" autocomplete="shipping locality">

<label for="frmStateS">State</label>
<input name="ship-state" required id="frmStateS"
placeholder="NY" autocomplete="shipping region">

<label for="frmZipS">Zip</label>
<input name="ship-zip" required id="frmZipS"
placeholder="10011" autocomplete="shipping postal-code">

<label for="frmCountryS">Country</label>
<input name="ship-country" required id="frmCountryS"
placeholder="USA" autocomplete="shipping country">
```

이렇게 하면 그림 58.2와 같은 UI가 생성된다.

그림 58.2: 자동 완성 서식 UI

 국가 선택은 종종 서식 마지막에 위치한다. 다른 국가를 선택하면 서식의 필드가
변경되므로 사용자가 그들의 모든 데이터를 입력하지 않도록 국가 선택을 맨 앞으
로 이동시켜라.

학습 포인트

- 서식 입력은 사용자에게 아주 귀찮은 일이므로 우편번호를 원하는 대로 입력하게 하고 나중에 서버 사이드에서 검증하라.
- 가능하다면 우편번호에서 주소로 변환 시 '실시간 검색' 기능은 제공하라.
- HTML을 사용해서 서식 필드에서 자동 완성을 지원하라.

#59

통화 입력에서 소수자리를
덧붙이지 마라

이는 단순하게 유지하는 것이 최상의 선택이라는 것을 보여 주는 또 다른 예다. 다수의 통화currency 입력 상황(예, 계좌 이체나 팁 추가)에서는 사용자가 특정 값을 입력하게 되는데, 이때 딱 떨어지는 금액($10)일 수도 있고, 소수점 단위의 금액(£5.99)일 수도 있다.

제품들은 가끔 소수점 이하 자릿수를 자동으로 덧붙이거나 끝에 '.00'을 추가하는 과도한 친절을 보이는데, 이는 에러로 이어지는 경향이 있다. 유쾌한 에러도 아닐뿐더러 eBay에서 속옷 몇 벌에 최대 $10.00를 제시하려 했는데 $1000.00로 입찰하게 생겼다. 이를 방지하려면 사용자가 직접 소수점을 입력하게 하되 입력하지 않으면 '.00'이라고 가정하라.

미리 설정된 금액을 제공하면 경험을 일부 개선할 수 있다. 팁 지불이 좋은 예다. 많은 차량 호출 애플리케이션에는 $1, $5 등으로 미리 설정된 팁 버튼이 있다.

그림 59.1: 이렇게 만들지 마라

이 안티 패턴은 사용자가 원하는 금액을 숫자로 입력하지 못하게 하고 대신 한 번에 한 숫자씩 값을 늘리거나 달러와 센트를 다른 입력으로 분리하도록 한다.

 입력이 완료되면 사용자가 '확인'을 누르거나 돌아가서 편집할 수 있도록 입력값을 다시 보여 줘라. 사용자는 돈에서 실수하는 것을 원치 않으며 이 확인 단계는 사용자 경험에서 신뢰를 쌓는 좋은 방법이다.

학습 포인트

- 통화 입력에서 소수점 이하 자릿수를 덧붙이지 마라. 이는 에러로 이어질 수 있다.
- 사용자가 원하면 작은 액수를 입력할 수 있게 하되 입력하지 않으면 '0'으로 가정하라.
- 입력 후에는 사용자가 금액을 확인하게 하라.

#60

사용자가 어려움 없이
이미지를 추가할 수 있게 하라

웹과 모바일 애플리케이션에서는 사용자가 이미지를 업로드해야 하는 상황이 많이 있다. 다양한 방법으로 수행되지만 이미지 서식 입력에 몇 가지 원칙이 있다.

- 사용자에게 파일 선택 또는 사진 촬영의 선택권을 줘라. 이는 모바일이나 태블릿에서 특히 유용하며, 당신의 애플리케이션보다 기능이 더 많은 시스템 이미지 피커를 활용할 수 있다.

- iOS 및 안드로이드에서는 사진을 추가하려고 할 때 권한 허용을 묻는 메시지가 표시되며, 사용자가 실수로 '거부^{deny}'를 누르기 쉽다. 이 문제를 해결하기 위해 설정으로 이동하는 방법에 대한 도움말 또는 힌트를 제공해야 한다.

- 여러 장의 이미지를 업로드할 수 있게 할 것인지 생각해 보라. 만약 그렇다면 여러 차례 나눠서 선택하는 것이 아니라 한 번에 다중 이미지 업로드를 할 수 있게 하라. 브라우저가 다중 이미지를 다시 보낼 수 있도록 하는 마크업은 다음과 같다.

```
<form action="/upload_image">
  <label for="images">Select images:</label>
  <input type="file" id="images" name="images"
multiple>
  <input type="submit">
</form>
```

- 이미지 미리 보기에서 '잘라내기'와 '회전시키기' 컨트롤을 제공하라. 또 다른 툴을 쓰는 것보다 몇 번의 클릭으로 이미지를 자르고 회전시키는 것이 매우 유용하다.

- 다양한 이미지 포맷을 허용하라. 적어도 JPEG, PNG, GIF는 지원돼야 한다. 최신 스마트폰은 이미지를 HEIC(애플) 또는 WebP(구글)로 저장

할 것이다. 이러한 이미지를 허용하지 않아 모바일에서 엄청난 수의 사용자를 배제하는 것은 흔한 실수다.

- 이미지가 업로드 중인지 알려 주고 진척을 표시하라(특히 모바일 기기에서는 업로드가 오래 걸릴 수 있다). '#61. 소요 시간이 확실한 테스크그러면 '직선 모양'의 진행 표시줄을 사용하라'를 참고하라.
- 아바타 이미지의 경우 상당수의 사용자가 이미지를 따로 추가할 필요가 없도록 Gravatar와 같은 외부 서비스 사용을 고려하라. 최고의 인터페이스는 결국 인터페이스가 없는 인터페이스다.

학습 포인트

- 가능하다면 기기의 기능을 사용해서 이미지를 캡처하라.
- 다중 이미지가 필요하다면 한 번에 여러 장을 올릴 수 있게 하라.
- 사용자에게 업로드 진척을 알려라.

진척

사용자가 원하는 모든 작업이 즉각적으로 이뤄지는 것은 아니다. 어떻게 사용자에게 작업 및 시스템의 진행 상황을 계속해서 알려 줄 수 있을까? 이 섹션에서는 대기 중인 상태, 그리고 대기 시간을 사용자에게 알려 주는 것에 관한 우수 사례를 다룬다.

#61

소요 시간이 확실한 태스크라면
'직선 모양'의 진행 표시줄을
사용하라

아이폰^{iPhone}이 1990년대 후반 슈퍼컴퓨터의 성능을 갖고 있음에도 불구하고, 다수의 소프트웨어에서는 일상적인 태스크에도 여전히 미칠 듯이 긴 시간이 소모된다. 예를 들면 인쇄가 그렇다. 컴퓨터가 프린터에 문서를 보내는 데 왜 그리 오랜 시간이 걸리는가? 마치 프린터가 어떻게 작동해야 하는지를 매번 계산해야 하는 것처럼 보인다. 어찌 됐든 사용자에게 얼마나 오래 기다려야 하는지 알려 주는 것은 훌륭한 아이디어다.

확실하다는 단어의 뜻은 소프트웨어가 해야 하는(또는 할 수 있는) 작업의 수를 '알고 있으며', 진행 중에 업데이트하면서 작업할 수 있다는 것이다. 가능하다면 이 옵션을 기본으로 설정하라.

완료 진행 표시줄$^{progress\ bar}$을 다음과 같이 단계별로 표시하지 마라.

- 복사: 0...10..50..100%
- 압축 해제: 0..20...60..100%
- 설치: 0...15...45...80...100%
- 마무리: 0...20...60...100%

또 다른 유사한 안티 패턴은 내가 접한 가장 끔찍하고 우스꽝스러운 UI 재앙의 근원이며, 다음과 같은 조악한 엉터리 요소를 공통적으로 갖고 있다. 애니메이션(GIF 형식인 경우가 많음) 진행 표시줄인데 끝까지 진행되고 나면 0에서 다시 시작하고, 이것을 계속해서 반복한다. '선형 스피너'라고 보면 된다. 사용자를 정말 싫어한다면 이것은 그들의 '화를 부추기는' 탁월한 방법이다.

그 대신에 한 가지 진행 표시줄을 제공하라.

그림 61.1: 효과적인 진행 표시줄

시작과 끝이 있고 태스크가 완료됨에 따라 점진적으로 채워지는 진행 표시줄이 가장 완벽한 형태다. 모호함이 없으며 사용자는 이 태스크가 얼마나 걸릴지, 그리고 계획대로 진행되고 있는지를 명확하게 파악할 수 있다. 사용자는 이미 이 메타포에 익숙하다. 선형 진행 표시줄은, 예를 들면 '일시정지'와 '되감기' 컨트롤과 결합될 수 있는 비디오 또는 오디오 소프트웨어의 '재생' UI와 매우 유사하다.

학습 포인트

- 가능하다면 소프트웨어에서 선형의 진행 표시줄을 보여 줘라.
- 전체 작업을 하나의 작업 표시줄로 표시하라.
- 진행 표시줄에 명확한 시작과 끝을 제공하라.

#62

진행 표시줄에 숫자로 된 인디케이터를 제공하라

'#61, 소요 시간이 확실한 태스크라면 '직선 모양'의 진행 표시줄을 사용하라'에 이어서 읽을 만한 시간이 확보된다면 진행 표시줄에 숫자로 된 (퍼센트) 인디케이터^{indicator}를 표시해 경험을 향상시킬 수 있다.

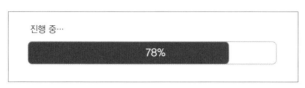

그림 62.1: 숫자 인디케이터가 함께 표시되는 진행 표시줄

진행 표시줄과 아주 잠깐 동안 표시되는 숫자는 혼란을 주며, 사용자가 처리해야 하는 시각적인 산만함을 가중시킬 뿐이다. 그들이 꼼짝 못 하고 진행 표시줄을 몇 초간 봐야 한다면 업데이트 중이라는 것을 누구나 알 수 있는 방법인 퍼센트가 적절하다.

또한 숫자 인디케이터로 시간의 양을 보여 줄 수 있다. 따라서 업데이트의 경우 남은 시간을 표시할 수 있다. 하지만 더 짧은 프로세스에서는 퍼센트가 더 유용하다. '남은 시간'을 계산하는 것은 대개 기술적으로 큰 도전이라는 점에 유의하라. 업데이트에서 '24분 남음'이라고 말하고 몇 초 만에 완료되는 것을 보는 일은 매우 흔하다. 사용자에게 정확한 시간을 알려 줄 수 없다면 그 대신에 퍼센트를 사용하는 편이 낫다.

1분 이상 기다리면 사용자가 '얼마나 걸리나요?' 하고 묻기 시작하므로 가능하다면 '남은 시간' 추정치를 포함해야 한다.

매력적인 진행 표시줄 섹션은 이제 끝났다. 향후 몇 년간 우리가 진행 표시줄을 올바르게 만들 수 있다면 수백만 명의 사용자가 더 행복해질 수 있다!

학습 포인트

- 읽을 수 있는 시간이 있다면 진행 표시줄에 '완료율' 숫자 인디케이터를 제공하라.

- 긴 프로세스의 경우 남은 시간 표시를 고려하라.

- 남은 시간에 대한 정확한 추정치를 표시할 수 없다면 퍼센트로 되돌려라.

#63

소요 시간을 가늠할 수 없는
태스크라면 '스피너'를 표시하라

이 경우 가늠할 수 없다는 것은 소프트웨어가 얼마나 많은 작업을 해야 하는지 확신하지 못한다는 것(또는 알 수 없다는 것)을 뜻한다. 태스크가 끝나봐야 알 수 있다는 것이다.

애니메이션 스피너를 표시하는 것은 진행 표시줄보다 적은 정보를 사용자에게 제공하지만, 적어도 뭔가가 진행되고 있으며 스피너가 사라지면 태스크가 완료된다는 점을 말해 준다.

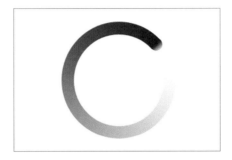

그림 63.1: 스피너. 다른 스타일의 스피너도 사용 가능하다.

만약 문제가 생기면 스피너가 멈추게 만들어라. 사용자는 이것이 '영원히 반복되는' GIF인지 아닌지 알지 못한다. 따라서 화면 뒤에서 실제로 아무 일도 없을 때에도 그저 계속해서 기다린다. 지메일^{Gmail}은 '로딩 중'을 보여주고, 일정 시간이 지나면 '계속 로딩 중'이라고 표시하는데 이는 적절한 조치다.

스피너는 페이지 리로드^{reload}되거나 서버에서 업데이트된 상태를 가져올 때 또는 버튼이나 컨트롤 내부처럼 진행 표시줄이 과도할 수 있는 태스크에 적합하다.

학습 포인트

- 제품에서 확실하게 진행 표시줄을 표시할 수 없는 경우에는 스피너를 사용하라.
- 애니메이션을 사용해서 뭔가가 벌어지고 있다는 것을 알려라.
- 문제가 생기면 스피너를 멈추거나 제거하라.

접근성을 고려한 디자인

디자이너로서 우리는 사회의 가장 넓은 계층이 제품을 사용할 수 있도록 해야 할 의무가 있다. 이 섹션은 장애인이 쉽게 사용할 수 있는 제품을 디자인하는 것을 목표로 한다. 그렇게 만드는 것은 당연히 해야 할 일이며, 이를 통해 모든 사람의 사용성이 어떻게 향상되는지도 살펴볼 것이다.

#64

명암비는 당신 편이다

오래 전인 1999년에 W3C는 WCAG를 발표했다. 이어 2008년에는 '웹사이트는 인지할 수 있고, 조작 가능하며, 이해할 수 있고, 견고해야 한다'라고 명시된 가이드라인과 함께 개정된 'WCAG 2.0'(WCAG 3은 현재 '초안' 상태)을 발표했다

가이드라인은 광범위하고 세세하게 작성됐으며 이 책에서 다루는 범위를 벗어나지만, 몇 가지 핵심 요소는 장애인뿐만 아니라 모든 사람을 위한 UX를 개선하기 위해 사용자 인터페이스에 반영해도 좋을 만큼 뛰어난 실무 가이드라인이다.

한 가지 훌륭한 가이드라인은 명암비^{contrast}에 관한 것이다.

> 1.4.3 대비(최소): 텍스트와 배경 간의 명도 대비는 최소 4.5:1이어야 한다.
>
> – 적합성 기준 이해 1.4.3: 대비(최소)
> https://www.w3.org/WAI/WCAG21/Understanding/contrast-minimum.html

로고와 대형 텍스트에 대해서는 일부 예외 및 주의 사항이 있기는 하지만, '황금률^{golden rule}' 명암비 4.5:1은 지켜야 하는 원칙이다. 다음의 세 가지 예시 버튼을 살펴보라. 저대비^{low-contrast} 버튼은 시력이 안 좋은 사람이 사용하기 어려울 수 있다.

게다가 시력이 좋은 사람도 성가시고 읽기 어렵다(특히 작은 모바일 스크린에서).

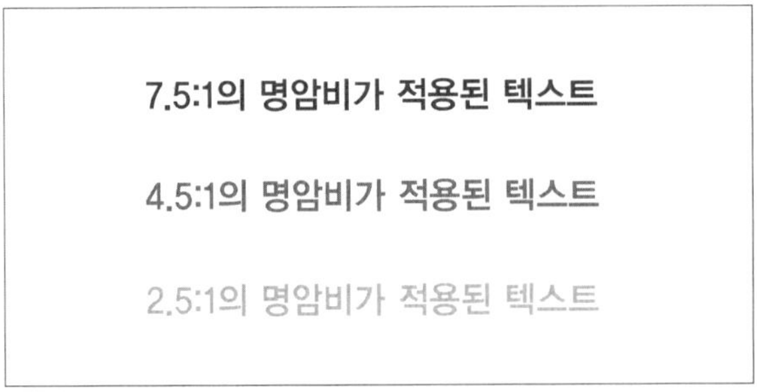

그림 64.1: 명암비가 어떤 차이를 가져오는가? 첫 번째 예시를 목표로 해야 한다.

웹상에 자동화된 명암비 검사기가 있으니 당신이 주로 사용하는 검색 엔진에서 하나를 찾아서 당신의 UI 명암비를 검사해 봐라. 적절한 명암비는 정상 시력을 지닌 사용자는 물론 시력이 나쁜 사람도 어려움을 겪지 않게 해준다.

기억하라. 만약 마케팅 팀에서 브랜딩을 이유로 컨트롤 위의 텍스트나 애플리케이션 내부 카피에 저대비 컬러 조합을 사용해야 한다고 말한다면 그들에게 브랜드 가이드를 어디로 던져 버려야 하는지 말해 줘라. 당신은 시력에 문제가 있는 사람들에게 최상의 서비스를 제공하게 될 것이다.

학습 포인트

- 4.1:1의 명암비는 절대적인 최소치다.
- 가독성을 최대로 확보하기 위해 7.5:1의 명암비를 목표로 하라.
- 많은 접근성 개선과 마찬가지로 이를 통해 모든 사용자가 개인의 능력에 상관없이 혜택을 본다.

256

#65

'플랫 디자인'을 사용해야 한다면
컨트롤에 시각적 어포던스를
추가하라

미니멀리즘은 일반적으로 유용하며, 잡동사니와 시각적 산만함을 줄이는 것은 사용자가 필요로 하는 것을 더 빨리 찾도록 도와준다. 하지만 미니멀리즘은 컨트롤을 최소한으로 줄여서 사용할 수 없게 만드는 것을 의미하지는 않는다.

플랫 디자인의 미적 특성(#13. 인터랙티브 요소를 명확하고 쉽게 찾을 수 있게 만들어라 참고)은 시각적 어포던스를 제거하는 경향이 있지만, 새롭게 떠오르는 '웹 브루탈리즘brutalism'만큼은 아니다. 브루탈리스트brutalist 건축 양식에 영감을 받은 브루탈리즘은 제품 디자인에서 의도적으로 멋을 부리지 않고 가공되지 않은 것처럼 보이게 하는 미적 특성이다(크레이그리스트Craigslist가 좋은 예다).

그림 65.1: 크레이그리스트의 모습. 고장난 것이 아니라 그렇게 보이려고 의도한 것이다.

디자이너를 위한 농담을 넘어서 이 정도 수준의 미니멀리즘은 지나치게 위압적이고 불필요하며, 플랫 디자인과 마찬가지로 모든 시각적 어포던스를 제거함으로써 검색 용이성을 저하시킬 수 있다.

널리 사용되는 구글 캘린더Google Calendar(iOS) 애플리케이션의 몇 가지 UI를 살펴보자. 플랫 디자인을 엄격하게 고수하다 보니 어떤 것이 탭 가능하고 어떤 것이 아닌지를 알아내기가 매우 어렵다.

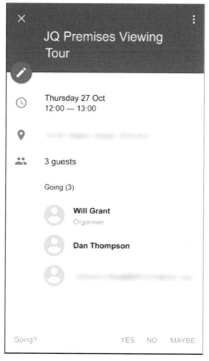

그림 65.2: 구글 캘린더 애플리케이션

사용 빈도가 적은 컨트롤('이메일'과 '삭제하기'와 같은)을 숨김 처리한 것은 괜찮지만, 이들을 찾을 수가 없다. 이들을 찾기 위한 메뉴는 작고, 별도의 레이블 없이 상단 오른쪽에 '생략 부호'로만 표시된다. 컨트롤은 최상위 레벨에서 노출되거나, 고급 기능인 경우 레이블을 붙여지고 검색 가능한 메뉴에 노출돼야 한다.

일관성에도 문제가 있다. '연필' 모양의 편집 아이콘은 탭 가능하며 그림자 효과(시각적 어포던스다!)가 살짝 들어갔지만, 다른 탭 가능한 항목에는 아무것도 없다. 이는 사용자가 제품과 인터랙션하는 방법에 대한 멘탈 모델을 구축하는 것을 어렵게 만든다.

구글 캘린더를 스트라이프닷컴^{Stripe.com}의 컨트롤 패널에 있는 사용자 인터페이스 섹션과 비교해 보자.

그림 65.3: 스트라이프닷컴의 컨트롤 패널

미니멀리즘과 어포던스 사이에서 균형을 잘 잡고 있다. 깔끔하고 단순하며 그 이유는 다음과 같다.

- 제목이 있는 논리적인 섹션으로 나뉘어 있다.
- 미묘한 그림자 덕분에 컨트롤이 탭 가능한 것을 명확하게 인지할 수 있다.
- 연필 아이콘은 **편집** 기능이며 텍스트로 레이블 처리돼 있다.
- **업데이트…** 버튼에는 클릭 시 완료를 위한 추가 단계가 있음을 알려 주는 생략 부호가 있다.

무작위 테스트를 진행할 수 있다면 사용자가 구글보다 이 UI에서 더 나은 경험을 얻을 수 있다고 확신한다.

학습 포인트
- 컨트롤의 시각적 어포던스는 모든 사용자 인터페이스에서 여전히 필수적이다.
- 제품 전반의 일관성은 사용자가 인터페이스를 더 빨리 학습하도록 돕는다.
- 미니멀리즘을 너무 지나치게 적용하지 마라. 균형을 찾아라.

#66

모호한 기호를 피하라

행동보다 말이 쉽기는 하지만, 제품 전반에 걸쳐 자주 잘못 사용되는 기호와 아이콘이 있다.

이 원칙은 다음의 두 가지를 고려하게 하는 것을 목표로 한다. '사용자에게 친숙한 기호를 사용하고 있는가?', 기호의 의미가 경험의 다른 부분과 충돌하는가?'

웹과 모바일 제품에서 볼 수 있는 몇 가지 예는 다음과 같다. 실제로는 훨씬 더 많이 있다.

- @: 'at' 기호는 컨트롤 콘텍스트에서 반복되는 위반 항목이다. 이메일, 웹 링크, 사용자 언급 또는 다른 것을 의미하는가?
- ⧉: '공유' 또는 '새 창' 또는 '추가 메뉴 옵션 열기'를 의미하는가? 이 모든 것뿐만 아니라 위아래를 뒤집어 놓고 '돌아가기'를 뜻하는 경우도 본 적이 있다.

아이콘을 선정할 때 고려해야 할 것은 다음과 같다.

- 재사용이 가능하면서 기존에 많이 사용되는 아이콘이 있는가? 사용자는 그것을 이미 알고 있으므로 당신이 다시 디자인할 필요가 없다.
- 운영체제 및 웹 프레임워크에는 표준 기호 및 권장 용도에 대한 가이드가 있는 경우가 많다. 사용자가 익히 알고 있으므로 이를 확인하고 준수하라.
- 제시된 아이콘은 다른 것들과 구분되며 인상적인가?
- 제시된 아이콘이 사용 중인 다른 패턴들과 충돌하는가?

아이콘과 기호에 조금만 더 생각을 기울이면 인터페이스, 나아가 사용자 경험 전체를 더 좋게 만들 수 있다.

학습 포인트

- 신중하게 아이콘을 선택하라.
- 쓸데없이 시간을 낭비하지 마라. 재사용이 가능한 패턴이 있을 것이다.
- 아이콘은 농담과 같다. 만약 이를 설명해야 한다면 효과가 없는 것이다.

#67

링크는 콘텍스트와 분리해도
의미가 통하게 만들어라

Q: 웹 링크를 사용자에게 제공하는 두 가지 방법 간의 차이점은 무엇인가?

- 브로셔 다운로드: **여기를 클릭하세요.**
- 여기에서 **브로셔를 다운로드**할 수 있습니다.

A: 첫 번째 것이 시각 장애인이 사용하기에 더 어렵다.

스크린 리더screen-reader 소프트웨어는 보통 사용자가 클릭 가능한 링크를 찾고자 페이지를 훑어볼 수 있는 모드를 제공한다. 따라서 이러한 링크들이 콘텍스트와 상관없이 이해될 수 있도록 만들어야 한다. 이 경우 첫 번째 링크는 '여기를 클릭하세요'라고 소리 내어 읽히는 반면에, 두 번째 링크는 '브로셔를 다운로드'라고 구술되며 이것이 훨씬 더 사용하기 쉽다.

블로그 게시물의 인덱스에서 또 다른 예를 들어 보자. 다음의 링크를 비교해 보라.

- 블로그 게시물 스토리 1: **더 읽어 보기**
- 블로그 게시물 항목 2: **블로그 게시물 항목 2 읽기**

이 예시의 '더 읽어 보기' 링크에서 제목을 요약하면 추가적인 콘텍스트를 제공할 수 있으며, 스크린 리더가 반복적으로 '더 읽어 보기, 더 읽어 보기'라고 소리 내어 읽는 것을 방지할 수 있다.

 보너스: 링크를 서술적으로 만들면 검색 인덱스가 콘텐츠를 이해하는 것을 도울 수 있다.

학습 포인트

- '여기를 클릭하세요' 링크는 피하라.
- 콘텍스트와 관계없이 의미가 통하는 서술적 링크를 사용하라.
- 이것은 접근성은 물론 검색 인덱싱에도 도움이 된다.

#68

헤더와 내비게이션 위에
'콘텐츠로 건너뛰기' 링크를
추가하라

앞서 언급한 것처럼 시각 장애를 가진 일부 사용자는 인터페이스의 텍스트 요소를 소리 내어 읽어 주는 스크린 리더 기술을 사용할 것이다.

한 가지 문제는 이러한 사용자들이 복잡한 페이지의 수많은 링크와 콘텐츠 속에서 길을 잃기 쉽다는 점이다. 내비게이션에 접근할 수 있는 방법이 필요하다. 시력이 정상인 사용자에게 내비게이션 위치는 잘 받아들여지는 패턴이지만, 시력에 제약이 있는 사용자는 웹 페이지 또는 웹 애플리케이션에 대해 동일한 '멘탈 모델'을 갖고 있지 않을 수 있다.

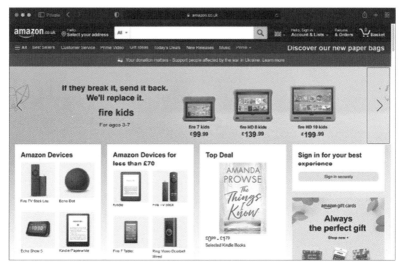

그림 68.1: 원고 작성 시점 기준으로 아마존의 홈페이지는 시각 장애가 있는 사람들이 키보드를 사용해 탐색하는 것이 거의 불가능하다.

사이트 맨 위에 '콘텐츠로 건너뛰기' 링크(CSS 규칙으로 숨길 수 있으며 스크린 리더와 같은 보조 기술에만 표시돼야 함)를 추가하면 사용자가 내비게이션을 손쉽게 건너뛸 수 있다. 그들은 페이지를 불러올 때마다 모든 메뉴 옵션을 반복해서 듣는 것을 원치 않는다.

시력이 정상인 사용자를 위해 링크를 스크린에서 보이지 않게 배치하는 데 사용하도록 W3C에서 권장하는 CSS는 다음과 같다.

```css
#skiptocontent {
  height: 1px;
  width: 1px;
  position: absolute;
  overflow: hidden;
  top: -10px;
}
```

HTML에서는 다음과 같다.

```html
<div class="skipnav">
<a href="#skiptocontent">Skip to main content</a>
</div>
```

학습 포인트

- 사이트 상단에 '콘텐츠로 건너뛰기' 링크를 추가하라.
- 정상 시력의 사용자에게는 CSS 포지셔닝을 사용해서 링크를 감춰라.
- 모든 페이지에 자동으로 등장하도록 링크를 사이트 또는 애플리케이션 템플릿template에 포함시켜라.

#69

컬러만 사용해서
정보를 전달하지 마라

이 말은 직관에 어긋나는 것처럼 들린다. 경고 알림은 빨간색, 또는 성공 알림은 초록색으로 만드는 것은 대부분의 디자이너들에게 아주 자연스러운 일이다. 컬러는 대다수의 사용자에게 단축키 역할을 하지만, 색맹인 사람은 불리한 처지에 놓일 수 있다. 특정 유형의 색맹은 사용자가 빨간색과 초록색을 구분하지 못하는 것을 의미한다.

이를 접근하는 최선의 방법은 컬러만 단독으로 쓰는 것이 아니라 컬러를 사용해서 부가적인 정보를 전달하는 것이다. 이렇게 하면 일부를 희생시키지 않으면서 대다수의 사람이 쓰기 쉬운 사이트를 만들 수 있다. 이런 이유로 링크에 다른 컬러를 적용하는 것뿐만 아니라 밑줄(다른 컬러도 가능)도 긋는 것을 권장한다.

예를 들어 '상태 정상' 레이블은 초록색 원으로 표시될 수 있지만, 초록색 원만 덩그러니 제공되면 안 된다.

그림 69.1: 둘 중 하나의 인터페이스만 색맹인 사람에게 쓸모 있다.

그림 69.2: 적록 색맹이 있는 사람도 아이콘의 올바른 의미를 인식할 수 있다.

272

컬러는 중요한 부차적인 지표다. 사람들이 제품 요소들을 더 빨리 파악하고 정보를 간단하게 얻을 수 있도록 돕는 시각적 단서다.

색각 장애를 겪는 사람은 전 세계 남성 12명 중 1명(8%), 여성 200명 중 1명 비율로 약 2억 9,800만 명에 달한다. 이 원칙은 모든 사람이 컬러를 볼 수 있는 것은 아니라는 점을 상기시키기 위한 것이므로 컬러가 메시지를 전달하는 유일한 방법이 돼서는 안 된다.

학습 포인트

- 정보를 전달하고자 컬러를 마음대로 사용하지 마라.
- 반드시 다른 지표를 컬러와 함께 제공하라.
- 컬러는 여전히 사용자에게 중요한 부차적 정보의 출처다. 컬러를 완전히 제거할 필요는 없다.

#70

메타 태그를 써서
기기의 줌 기능을 끄는 것은
악랄한 행위다

메타 태그meta tag를 HTML 페이지 상단에 추가하면 사용자가 브라우저 컨트롤을 사용하거나 터치스크린 기기에서 '핀치투줌pinch-to-zoom'으로 페이지의 크기를 조정하는 것을 막을 수 있다.

```
<meta name="viewport" content="width=device-width,
initial-scale=1.0, maximum-scale=1.0, user-scalable=no"
/>
```

비록 드물기는 하나 이러한 사례는 여전히 목격된다. 디자이너는 일반적으로 다음과 같은 이유로 이렇게 처리한다.

- 그들은 자신의 디자인 작업을 반응형으로 해본 적이 없거나 할 줄 모른다.
- 그들은 접근성에 미치는 영향을 이해하지 못한다.

시각 장애가 있는 사용자도 마찬가지로 페이지 크기 조정이 불가하다.

이런 디자이너가 되지 마라. 사용자가 인터페이스를 보고 조작하는 방법을 선택하게 하라. 웹 페이지 외에 데스크톱과 모바일 소프트웨어에서도 이러한 크기 조정 컨트롤을 제공하라. iOS와 안드로이드 모두 당신이 활용 가능한 접근성 기능을 기본으로 제공하므로 글자 크기 및 대비에 대한 사용자의 선호를 존중하라.

다음은 올바른 코드다.

```
<meta name="viewport" content="width=device-width,
initial-scale=1.0" />
```

이렇게 하면 초기 디스플레이 크기가 설정되는 동시에 사용자가 원하는 대로 제품을 자유롭게 확대하고 이해할 수 있으며 필요한 경우 자체 보조 기술을 사용할 수 있다.

디자이너는 사용자가 콘텐츠를 어떻게 보고자 하는지 절대 알 수 없으니 추정하지 마라. 모든 기기의 크기에 대응하는 픽셀 단위까지 완벽한 결과물을 디자인하는 것이 불가능하다는 것은 이 같은 속임수(예. 크기 조정 비활성화)를 쓰는 행위가 자신의 무덤을 파는 것과 같다는 뜻이다. 사이트를 당신의 시안과 일치하도록 만들었지만 일부 사용자는 지금 그것을 이용할 수가 없다.

접근성을 위한 대부분의 조정과 마찬가지로 반응형 콘텐츠는 사용자에게 그들의 능력과 상관없이 더 좋은 경험을 제공한다.

학습 포인트

- 픽셀 단위까지 완벽한 디자인을 버리고, 사용자가 원하는 대로 당신의 제품을 보길 원한다는 사실을 받아들여라.
- 기기에 기본 탑재된 접근성 기능을 활용하라.
- 제품 인터페이스를 다양한 크기의 디바이스와 보조 기술을 사용해서 테스트하라.

#71

내비게이션에
타당한 탭 순서를 부여하라

한 가지 실험을 해보자. 브라우저에서 웹사이트로 이동한 다음에 탭 키를 반복해서 누르기 시작하라. '포커스focus'(보통 색칠된 직사각형이나 음영 처리된 영역)가 사이트에서 항목들 사이로 옮겨 다니는 것을 보게 된다.

이것은 시력에 제약이 있거나 거동이 불편한 사용자가 웹 페이지를 이용하는 방법 중 하나다. 이러한 사용자는 인터페이스 디자이너가 탭 순서를 상식적으로 배치했을 것으로 믿고 사용한다. 일부 웹사이트와 웹 애플리케이션에서는 탭 순서가 끔찍한 반면에 몇몇에서는 충분한 생각을 거쳐 명확하게 정리돼 있다.

탭 키를 눌렀을 때 페이지의 이상한 부분으로 포커스가 이동하면 서식 작성이 특히 힘들어진다. 당신이 직접 코딩을 하지는 않겠지만, 프론트엔드 개발자에게 tabindex 속성을 사용해서 선택된 항목의 순서를 지정할 수 있다는 것을 알려 줄 수 있다.

```
<input type="text" name="field1" tabindex="1" />
<input type="text" name="field2" tabindex="2" />
```

이것의 전형적인 예는 사이트 검색이다. 대부분의 사이트 레이아웃은 모든 내비게이션 요소 뒤의 오른쪽에 검색 필드를 배치한다.

이는 일리가 있지만, 보조 기술 사용자의 경우 검색에 이르기 위해 메뉴를 거쳐가면서 탭을 많이 눌러야 한다는 것을 의미한다. 검색 필드에 tabindex='1'을 지정하라. 그러면 사용자는 검색 필드에 쉽게 접근할 수 있으며, 해당 경로를 사용하려는 경우 내비게이션으로 건너뛸 수 있다.

학습 포인트

- UI 여기저기에서 탭을 누르면 포커스가 합리적인 방향으로 이동하는 지 확인하라.
- 이는 접근성에 특히 중요하지만, 모든 사용자가 이동이 용이한 사이트의 혜택을 누릴 것이다.
- 보조 기술을 사용해 디자인을 테스트하거나 적어도 자신의 브라우저에서 키보드 컨트롤을 확인하라.

#72

컨트롤에
명확한 레이블을 작성하라

보조 기술을 쓰는 사용자에게 큰 차이를 제공할 수 있는 또 다른 작은 변화
는 명확한 레이블을 작성하는 것이다.

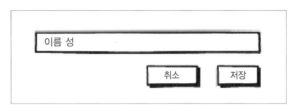

그림 72.1: 잘못된 레이블링의 예

그림 72.2: 좋은 레이블링의 예

플레이스홀더 또는 워터마크watermark 텍스트로 필드를 미리 채워 두는 것
이 깔끔해 보일 수 있지만, 모든 브라우저에서 지원되는 것이 아니며 포커
스가 입력 필드로 이동하면 사라진다.

하지만 **2개를 모두** 제공해서 필드가 구분되게 하면서 입력에 필요한 정보를
사용자에게 예시로 제공하는 것은 가능하다.

정렬에 대해 한마디하자면 논리적인 '콘텐츠의 순서' 관점에서 필드 위에
레이블을 추가하고 왼쪽 정렬을 하는 것이 합리적이다. 다른 모든 정렬(오
른쪽 징렬, 왼쪽에 레이블 등)에는 나양한 시각적 및 접근성 이슈가 있다. 기본
값은 필드 위, 왼쪽 정렬이어야 한다.

그림 72.3: 명확한 레이블과 유용한 워터마크가 있는 입력

정보를 타이핑하려고 입력 필드를 누르고 나서 '잠깐, 이 필드가 뭐였지?'라고 멈춰서 생각한 적이 여러 번 있었다. 다시 말하지만, 이것은 접근성을 개선하는(스크린 리더는 레이블을 이용해서 서식을 쓸 수 있게 한다) 동시에 모든 사용자의 전반적인 경험을 향상시키는 사례다.

학습 포인트

- 시각 장애인을 위한 스크린 리더는 레이블에 의존한다.
- 필드 레이블은 모든 사용자에게 유용하다.
- 플레이스홀더 레이블은 사용자가 필드에 입력할 때 사라진다.

#73

탭 가능 영역을
손가락 크기로 만들어라

당신의 디자인이 터치로 사용될 것이라 생각한다면 사용자들의 손가락은 그들이 쓰는 도구다. 이 명백한 사실을 고려하면 터치 인터페이스에서 손가락으로 누르기에 UI 컨트롤이 너무 작다는 것은 질겁할 일이다.

참고로, 스마트폰 스크린은 (대략) 손가락 5개의 폭, 10개의 높이이므로 패딩padding(각 컨트롤 주변 영역)을 도입하면 약 40개의 컨트롤이 들어간다. 그 정도가 모바일 디스플레이에서 편안하게 사용 가능한 컨트롤의 허용치다. 디스플레이 가로로 4개 또는 5개 이상의 항목을 배치하려고 한다면 너무 작아서 쾌적하게 사용하기 힘들 수 있다.

적절한 컨트롤 크기를 찾는 실험이 필요한데 만약 당신이 기본 컨트롤 요소를 사용하고 있다면(#39, 가급적 기기의 기본 입력 기능을 사용하라 참고) 적절한 크기(44px 또는 48dp가 인간의 손가락으로 사용 가능한 최소 '안전' 크기다)에 대한 리서치가 이미 진행됐다. 적은 사용자 테스트를 거쳐 컨트롤을 다시 만드는 대신 해당 컨트롤을 사용하라.

그림 73.1: 사용자가 손가락으로 조작 가능한 크기로 컨트롤을 만들어라.

당신만의 터치스크린 컨트롤을 개발 중이라면 손가락 크기를 가이드로 사용하라. 1 또는 2픽셀 크기의 컨트롤을 손가락으로 잡으려고 하는 것은 쓸데없이 어려우며, 사용자를 한없이 좌절시킬 것이다.

일부 사용자가 터치로 제품에 접근한다면 요소들을 서로 근접하게 배치하지 마라. 버튼 사이에 패딩을 추가하는 것은 실수로 버튼을 잘못 누르는 것을 방지한다. 3mm는 디스플레이 해상도에 관계없이 패딩에 적당한 가이드다.

터치 스크린이 장착된 노트북과 같이 이중 입력 방식을 지원하는 기기의 출현으로 복잡도가 가중된다.

이로 인해 디자이너는 이전에는 마우스 전용이었던 인터페이스에서 터치 소삭을 고려해야 한다. 그 결과 인터페이스를 터치로 사용할 수 있게 하려면 항상 이 원칙을 고려해야 한다.

학습 포인트

- 터치 인터페이스를 디자인할 때 사람의 손가락 크기를 고려하라.
- 터치 컨트롤을 사용자가 편안하게 사용하기에 너무 작은 크기로 만들지 마라.
- 컨트롤 요소 사이에 패딩을 추가해서 실수로 잘못 누르는 것을 방지하라.

여정과 상태

고객은 목표를 달성하기 과정에서 제품의 여정을 거치게 된다. 이 섹션에는 이동 경로 내 비게이션과 같은 기본 사항부터 사용자가 태스크를 보다 효율적으로 수행할 수 있도록 흔히 있는 골칫거리를 제거하는 것에 이르는 내용이 포함된다.

#74

**사용자가 특정 알림을
끌 수 있게 하라**

데스크톱이나 모바일에 관계없이 알림은 애플리케이션이 닫혀 있거나 백그라운드에서 작동하는 동안에 상태 변화를 사용자에게 알리는 훌륭한 방법이다.

사용자가 특성 유형(또는 선제)의 알림을 어떻게 원하는 대로 변경하거나 비활성화할 수 있게 할지는 신중하게 고민해 볼 만한 가치가 있다. 사용자마다 중요하거나 알림 설정이 필요하다고 생각하는 이벤트가 서로 다르며, 시간이 흐르면서 변할 수도 있다.

그림 74.1: 알림

사용자는 아마도 누군가가 그들의 인스타그램Instagram 셀피에 '좋아요'를 누를 때마다 음성 알림이 울리는 것을 원치 않을 것이다. 어쩌면 덜 빈번하게 오는 다이렉트 메시지direct message에는 알림을 원할 수 있다.

사용자의 기기 또는 브라우저에서는 애플리케이션에 대한 전체 알림을 해제하는 기능을 제공하는데, 상세 조정이 충분하지 않다면 사용자가 전체 해제를 택할 가능성이 매우 높다.

이 같은 상세 컨트롤을 사용자에게 제공하려면 추가적인 기술적 작업이 필요하지만, 사용자가 원하는 대로 알림을 설정할 수 있게 해주는 것은 경쟁 제품보다 훨씬 큰 이점이다

특히 모바일 제품에서 반복 사용을 유도하고자 사용자에게 가급적 많은 푸시push 알림을 쏟아붓는 것을 권장하는 접근 방식이 있다. 내 경험에 따르면

UX 및 고객 유지 측면에서 이러한 접근법은 득보다 실이 많다.

최신 버전의 iOS(작성 시점 기준으로 iOS 15)는 새로운 알림을 표시할 때마다 사용자에게 영구적으로 알림을 끌 것인지 물어봐서 큰 골칫거리가 됐다.

효과적인 패턴은 사용자가 알림을 '스누즈snooze[1]'할 수 있게 하는 것이다. 스누즈 액션은 알림을 일시적으로 해제하고 일정 시간이 지나면 다시 한번 사용자에게 알림 메시지를 표시한다.

추가 보너스는 사용자에게 알림에 대한 상세 컨트롤을 제공함으로써 그들이 당신의 애플리케이션 '소음 수준'에 보다 만족하게 되고, 시스템 레벨에서 알림을 끌 확률이 줄어든다는 것이다. 즉 애플리케이션의 유용한 업데이트를 여전히 전달할 수 있다는 뜻이다.

학습 포인트

- 알림에 대한 상세 컨트롤을 사용자에게 제공하라.
- 너무 많은 메시지를 사용자에게 쏟아붓지 마라.
- 사용자는 시스템 레벨에서 당신의 제품에 대한 알림을 손쉽게 해제할 수 있다는 점을 명심하라.

---

[1] 나중에 알림 - 옮긴이

#75

**사용자 여정의 모든 측면에는
시작과 끝이 있어야 한다**

사용자 여정을 광범위하거나 좁은 방식으로 생각할 수 있다. 데이트 애플리케이션에서 가입부터 첫 번째 데이트까지의 흐름처럼 전체 제품을 관통하는 여정일 수도 있고, 옵션을 변경하는 특정 설정 메뉴처럼 세부적인 여정일 수도 있다.

사용자는 해야 할 일JTBD, Jobs To Be Done(사용자 니즈를 발견하고 그것을 해결하는 방법)을 거치면서 수없이 많은 작은 여정을 겪는다. 모든 경우에서 사용자는 자신이 여정을 시작했고, 그 여정은 어느 시점에서 끝이 날 것이고, 언제 끝날 것인지를 알아야 한다.

여기에서 대표적인 안티 패턴은 '내가 이 설정을 저장했던가, 안 했던가?'라고 사용자가 생각하는 것이다. 예를 들어 애플의 보기 드문 UX 실수는 macOS에서는 설정을 변경하고 창을 닫으면 설정이 저장된다는 것이다. 반면 (더 오래된) 윈도우 애플리케이션에서는 사용자가 **저장**Save을 눌러야만 한다. 더 모호한 일부 시스템에서는 사용자가 **적용**Apply을 누른 뒤에 **저장**을 눌러야 한다. 이는 사용자에게 확신을 주는 보다 명확한 경험이다.

사용자는 이 여정(설정 변경)이 끝났는지 아닌지를 확신할 수 없으므로 이를 명확하게 만들어야 한다.

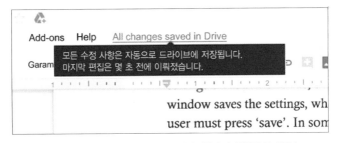

그림 75.1: 구글 독(doc)에서 편집하면 변경 사항이 저장됐음을 알려 준다.

그림 75.2: 많은 애플리케이션(이 경우는 Sketch)은 작업이 저장되지 않은 경우 제목 표시줄에 '편집됨' 또는 별표를 표시한다.

사용자에게 태스크를 성공적으로 완료했음을 알리는 것은 그들의 경험을 획기적으로 개선하는 쉬운 방법이다. 여정을 따라 이러한 가상 표지판을 포함시키는 것은 비교적 실행하기 쉬우며, 경험에 큰 도움을 준다.

그림 75.3: 사용자에게 여정이 완료됐음을 보여 주는 좋은 예

적절한 양의 명확한 커뮤니케이션으로 사용자에게 최신 정보를 제공하는 것은 쉬운 일이 아니며, 제품마다 서로 다르다. 하지만 이러한 표지판이 그 과정에서 표시되는지 확인하기 위해 여정을 테스트해 볼 만한 가치가 있다.

학습 포인트

- 사용자 태스크와 여정에서는 표지판이 꼭 필요하다고 생각하는 것이 도움이 될 수 있다.
- 사용자에게 그들이 하고자 했던 태스크가 언제 완료됐는지 알려 줘라.
- 여정 종료를 알리는 표지판의 예로는 '메시지가 발송됨', '변경 사항이 저장됨', '링크가 게시됨'이 있다.

#76

사용자는 모든 여정에서
자신이 어느 단계에 있는지
항상 알아야 한다

디지털 제품에서 최악의 경험 중 몇 가지는 이 원칙을 지키지 않아서 생긴다. 예를 들어 완료해야 할 또 다른 단계가 있어서 저장되지 않은 사용자 프로필 페이지 또는 얼마나 많은 단계가 더 있을지 몰라서 체크아웃 여정을 포기한 사용자가 있다.

대다수의 사용자는 제품 작동 방법에 대한 불완전한(또는 존재하지 않는) 개념 모델을 갖고 당신의 제품에 접근할 것이다. 개념 모델 일부를 사용자에게 노출시켜서 그들이 제품 사용법을 이해하게 만들어야 한다.

사용자가 현재 단계를 의식적으로 '이해'하지는 않겠지만 적어도 대략적인 감각은 가져야 하며, 당신은 간단한 힌트를 통해 그 경험을 제공할 수 있다. 현실의 랜드마크처럼 당신의 제품에도 랜드마크의 역할을 담당하도록 시각적으로 차별화된 영역이 포함돼야 한다.

예를 들어 홈 화면은 설정 화면과 달라 보여야 한다. 당연하게 들리겠지만, 화면을 시각적으로 구분되게 만드는 것은 사용자가 '내가 홈페이지로 돌아왔구나'라고 파악하는 데 도움을 줄 것이다. 이는 사용자의 통제력에 대한 전반적인 느낌에 기여하며 그들의 멘탈 모델을 강화시킨다.

여정에서 사용자 단계를 드러낼 수 있는 몇 가지 방법은 다음과 같다.

- 분할된 진행 표시
- '이동 경로' 컨트롤(#77, 이동 경로 내비게이션을 사용하라 참고)
- 사용자의 작업이 저장된(또는 저장되지 않은) 것을 보여 주는 표시
- 사용자가 완료한 것과 다음은 무엇인지를 알려 주는 설명

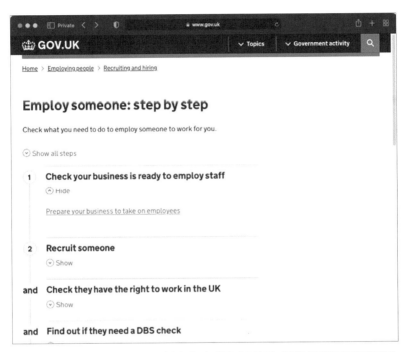

그림 76.1: GOV.UK는 사용자가 여정 중 어디에 있는지 명확하게 보여 주는 훌륭한 '단계별' 패턴을 제공한다.

사용자가 방향 감각을 상실하게 만드는 것을 멈춰라. 시각이나 다른 방식의 단서를 제공해서 개별 여정에서 자신의 위치를 느낄 수 있게 도와줘라.

학습 포인트

- 사용자가 위치를 파악하게 하려면 제품의 여정과 어떤 부분을 드러내야 할지에 대해 신중하게 생각하라.
- 예를 들어 이동 경로(#77, 이동 경로 내비게이션을 사용하라 참고)와 명확한 내비게이션(#31, 메뉴 항목을 하위 섹션으로 나눠서 사용자가 긴 목록을 기억할 필요가 없게 하라 참고)을 통해 모든 여정에서 사용자의 현재 단계를 명확하게 알려라.
- 사용자에게 완료한 작업, 현재 위치, 남은 작업을 보여 줘라.

#77

이동 경로 내비게이션을 사용하라

이동 경로 내비게이션은 엄청나게 매력적인 UI 요소는 아니지만, 사용자가 몇 번이고 돌아갈 수 있게 해주는 다년간 검증된 컨트롤이다. 이동 경로 내비게이션의 예는 다음과 같다.

홈 > 제품 > 의류 > 후드

데스크톱과 태블릿(그리고 모바일)에서의 웹사이트와 애플리케이션은 작고 눈에 거슬리지 않는 이동 경로를 UI에 쉽게 적용할 수 있다. 이동 경로는 테스트 및 실제 사용에서 사용자의 이해도가 대체로 높다.

이동 경로는 사용자가 시스템 안에서 자신의 위치를 확인하고 이전 단계로 쉽게 돌아갈 수 있게 해준다. 더욱이 현재 위치까지 오기 위해 거쳤던 경로를 보여 주기 때문에 이동 경로 내비게이션은 사용자가 제품의 레이아웃에 대한 더 나은 멘탈 모델을 형성하는 데 도움을 준다.

단일 페이지의 자바스크립트 애플리케이션에서는 이동 경로가 디자인 단계에서 점점 간과되는 것을 목격하게 된다. 아마도 이동 경로가 지루하게 보이기 때문인 듯하다(웹 UI의 초기 발명 중 하나다).

이동 경로 내비게이션을 간과하는 것은 제품 사용성 측면에서 거대하지만 쉽게 막을 수 있는 실수다. 이동 경로는 제품에서 이전(back) 버튼의 필요성을 없애기도 하는데, 이는 비표준적인 방식으로 기존 브라우저의 기능을 복제하고 독자적인 방식의 이전 버튼을 학습하도록 강요하기 때문에 반드시 피해야 한다. 사용자가 이동 경로 또는 브라우저의 이전 버튼을 사용하려고 한다면 문제가 없다. 둘 다 예상대로 작동한다.

단지 '구식'처럼 보인다는 이유로 이동 경로를 제거하고 트렌드를 따라가지 않는 것이 UX 전문가로서 당신의 일이라는 점을 기억하는 것이 중요하다. 당신의 일은 사용성을 향상시키는 것이며, 이동 경로는 스크린 공간을 거의 점유하지 않으면서 이를 쓰지 않는 사용자에게 피해를 주지 않고도 사용성을 개선시킬 수 있는 아주 좋은 방법이다.

학습 포인트

- 이동 경로 내비게이션은 사용자의 자유로운 이동과 제품에 대한 이해를 돕는다.
- 모바일에서도 이동 경로가 필요한지 생각해 보라. 꼭 필요한 것이 아닐 수 있다.
- 이동 경로는 다수의 사용자들에게 잘 알려져 있다.

#78

사용자는 당신의 회사에
전혀 관심이 없다

케이블 방송 HBO 시리즈인 〈실리콘 밸리Silicon Valley〉에는 모든 기술 회사가 어떻게 세상을 더 좋은 곳으로 만들기를 원하는지에 대한 농담이 나온다. 쇼show의 주요 상대편인 개빈 벨슨Gavin Belson은 심지어 '난 우리가 아닌 다른 누군가가 만든 더 좋은 세상에서 살고 싶지 않아'라고 말한다.

너무 많은 제품이 뻔히 알고 있는 것을 반복해서 설명한다. 사용자에게 그들이 세상을 변화시키고자 어떻게 노력하는지를 이야기한다. 사용자는 조금도 관심이 없으니 제발 그러지 마라. 제품의 유용성은 사용자가 어떤 일을 할 수 있게 도와주는가에 따라 결정된다. 과도한 정보를 제공하는 이러한 패턴은 객관성이 결여된 증상이다.

예를 들어 사용자가 데이트 애플리케이션을 설치했다면 그들의 마음속에 몇 가지 명확한 목표가 있을 가능성이 있다. 몇 가지 기본적인 '해야 할 일'에는 프로필 설정과 사람들 만나기가 포함된다. 해변가에서 손을 꼭 잡은 커플의 사진과 함께 당신의 회사에서 '사람들을 불러모으기'를 어떻게 하는지를 구구절절 말해 주는 온보딩 마법사를 사용자는 원치 않는다.

구글은 출시 당시 단순한 UI와 고품질의 검색 결과로 사용자를 매료시켰다. UI는 다음과 같았다.

그림 78.1: 구글의 예전 모습

그 당시 구글은 이렇다 할 '브랜드'는 없었고, 보기 흉한 로고가 있었고, 회사 비전이나 미션 선언문이 없었다. 그 대신 킬러 기능이 있었다. 다른 모든 경쟁사보다 더 좋은 검색 결과를 보여 주는 능력이 있었으며, 이는 구글을 승자로 만들었다.

UX 전문가로서 당신은 마케팅이나 세일즈와 같은 비즈니스 전반에 걸친 다른 팀들과 '잘 지내야' 하지만, 이는 복잡함보다 단순함을 내세우는 것이 사용자 경험을 실제로 향상시킬 수 있다는 것을 보여 주는 한 가지 사례다. 거듭 말하지만, 객관성은 UX 전문가에게 가장 중요한 기술이다. 사용자의 입장에서 생각하라.

학습 포인트

- 제품에 회사 비전을 지나치게 많이 쓰지 마라.
- 사용자는 당신의 제품이 하는 말이 아니라 무엇을 할 수 있게 도와주는 지에 관심이 있다.
- 작업에서 객관성을 얻으려고 노력하라.

#79

e-커머스의 표준 패턴을 따르라

온라인상에서 실제 상품이나 디지털 제품과 같은 아이템을 판매한다면 당신은 e-커머스^{e-commerce} 세상에 있는 셈이다. e-커머스 세상은 이미 절망적으로 구식이 된 것처럼 보이지만, '웹사이트나 애플리케이션을 통해 물건을 판매하는 것'을 의미하는 최고의 단어다.

e-커머스는 아주 직접적인 방법으로 수익을 창출하기 때문에 UX 전문가의 깊은 관심과 주목을 끈 최초의 온라인 경험 분야 중 하나였다. 한계 이익도 상당한 판매량을 통해 수익을 증대시킬 수 있으므로 사용자 테스트와 A/B 실험에 노력을 기울일 가치가 있다.

지난 25년 동안 소비자 웹에서 우리가 찾아낸 e-커머스 패턴은 잘 정제돼 있을 뿐만 아니라 사용자도 쉽게 이해한다. 고객이 구매 퍼널^{funnel}를 통과하게 만드는 일은 어렵고, '장바구니를 포기'할 기회는 많다. 이는 가능한 한 불편함이 없어야 한다는 것을 의미하므로 모든 것을 최대한 친숙하게 만들어야 한다.

예를 들면 이런 식이다.

- **제품**: 제품은 가격, 크기, 컬러, 패턴 등과 같은 속성 및 카테고리에 따라 나열된다. 사용자는 속성별로 제품들을 검색하고 정렬할 수 있다. 제품 보기에서는 크기, 컬러 등을 조정하는 컨트롤(가능하다면)과 수량 선택기가 제공된다.

- **장바구니에 담기 버튼**: 선택한 수량을 장바구니에 담는다. 항목 유형에 따라 체크아웃으로 곧장 이동하라는 메시지가 표시될 수도 있다(하나만 구매할 것으로 예상된다면).

- **장바구니**: 장바구니 또는 카트는 사용자가 선택한 항목과 수량을 보여준다. 여기에서 수량을 수정하거나, 품목을 삭제하거나, 장바구니를

비우거나, 체크아웃을 진행할 수 있다.

- **체크아웃**: 총액이 표시되며 사용자는 배송 주소 및 결제 정보와 같은 개인 정보 입력을 요구받는다. 계정이 있다면 이 단계에서 선택적으로 사인 인힐 수 있지민(싱새 정보글 빈곡해시 입력하는 깃을 빙시하기 쉬해), '세스트 체크아웃'도 가급적 지원해야 한다.

- **확인**: 결제가 성공했으며 주문이 완료됐다는 것을 고객이 확인할 필요가 있다. 이제 탭을 닫고 제품이 배송되기를 신나게 기다릴 수 있다.

그게 전부다! 이건 수년간 수십억 개의 제품을 판매한 검증된 패턴이다. 이를 함부로 다루는 것은 미친 짓이다. 아주 직접적으로 사용자를 소외시키고 수익을 감소시킬 위험을 각오해야 한다.

물론 이 여정을 개선할 수 있는 방법은 수백 가지가 있다. 이는 사용자가 온라인 구매에서 원하고 기대하는 최소한의 것이다. 추가적으로 고려해야 하는 개선 사항은 일반적으로 보증 세부 사항, 고객 리뷰, 3D 투어 또는 고해상도 이미지 등과 같이 제품과 회사에 대한 신뢰를 사용자에게 제공하는 것이다.

마지막으로 e-커머스는 '개발 vs 구입' 분석을 수행할 필요가 없는 기능 중 하나다. 대부분의 사람들에게 뛰어난 e-커머스 패턴은 매우 잘 작동할 것이다.

학습 포인트

- 구매 퍼널에서 불편함을 줄일 수 있는 모든 방법은 전환율을 높일 것이다.
- 사용자는 당신의 상점이 그들이 이용했던 다른 상점과 동일하게 작동하길 기대한다.
- 제품, 장바구니, 체크아웃의 패턴을 함부로 건드리지 마라.

#80

사용자의 작업이
저장되지 않았다면
인디케이터를 표시하라

가능하다면 당신의 애플리케이션은 사용자의 작업을 '자동 저장^{autosaving}'
해야 한다. 하지만 사용자의 액션이 필요한 경우도 물론 있다(예를 들어 매우
긴 서류를 작성하거나 사진 편집처럼 저장이 파괴적일 수 있는 애플리케이션).

사용자에게 작업이 저장되지 않았음을 알리는 좋은 방법은 애플리케이션의
타이틀 바에 시각적 인디케이터를 표시하는 것이다. 이것은 글머리^{bullet} 기
호가 될 수도 있고 또는 공간이 허락한다면 '저장되지 않음'이라고 명시적
으로 말할 수도 있다.

사용자는 현재 상태를 저장하기 위해 재빨리 **Cmd + S**(또는 Ctrl + S) 키를 눌
러야 하는지, 아니면 실험 중이라면 저장되지 않았다는 것을 단번에 알 수
있다.

이렇게 처리하는 주된 이유는 사용자가 데이터 입력, 프로필 또는 약력 준
비 등과 같이 제품을 사용하는 데 들인 시간과 노력을 존중하는 것과 관련
이 있다. 현재 그들의 작업이 있는 상태를 보여 주고, 작업의 저장 여부를
추측하거나 기억할 필요가 없게 해주는 것이 당연하다.

학습 포인트

- 사용자에게 작업 저장 여부를 알려 줘라.
- 당신의 제품에서 사용자 작업을 자동 저장하는 것의 유용성을 검토
  하라.
- 사용자가 당신의 제품을 사용하면서 투입한 시간과 노력을 존중한다는
  것을 보여 줘라(#43. 사용자가 입력에 쏟은 시간과 노력을 존중하라 참고).

#81

피드백을 제공하되
사용자를 귀찮게 하지 마라

리뷰 요청이 얼마나 사용자를 짜증나게 하는지 보이는가? 그러나 애플리케이션들은 항상 이렇게 하며, 애플리케이션 스토어에서의 리뷰를 요청하기 위해 사용자의 흐름을 방해한다. 애플리케이션 퍼블리셔publisher는 제품에 대한 신뢰를 쌓기 때문에 리뷰에 신경을 많이 쓰며, 좋은 리뷰를 많이 모은다면 애플리케이션 스토어는 소프트웨어의 순위를 더 높게 매길 것이다. 따라서 사용자에게 모든 애플리케이션의 평점을 매기도록 요구하는 그들의 끈질긴 노력을 쉽게 이해할 수 있다.

이는 백화점을 돌아다니면(기억나는가?) 열성적인 영업사원이 걸어 들어온 지 30초 만에 '도와드릴까요?'라고 묻는 것의 디지털 버전이다.

이러한 훼방은 사용자를 짜증나게 하고 제품에 대한 사용자 만족도를 낮추기 때문에 역효과를 낳는다. UI의 도움말 섹션에서 '의견을 들려주세요' 또는 '당신의 생각을 알려 주세요' 컨트롤을 제공하는 것이 훨씬 낫다.

웹 또는 모바일 애플리케이션에서 가장 좋은 피드백 경험은 다음과 같다.

- 피드백 제공을 위한 컨트롤을 찾기 쉽게 배치하라.
- 발생 가능한 문제의 복잡한 목록에서 선택하는 것이 아니라 사용자가 겪은 문제 또는 남기고 싶은 피드백을 자유롭게 작성할 수 있게 하라.

- 피드백과 함께 선택적 진단 정보(예, 브라우저 유형 또는 애플리케이션 버전)를 포함하라.

GetFeedback, InMoment 또는 Qualtrix와 같이 맞춤화하고 제품에 추가할 수 있는 유용한 사용자 피드백 툴(무료 및 유료)이 많이 있다. 옵션을 확인하려면 '제품 피드백 툴'를 계속해서 찾아보라.

피드백을 얻기 위해 사용자를 들볶는 것은 충실한 고객을 짜증나게 할 뿐이며 '관망하는' 고객을 더 멀리 내몬다.

학습 포인트

- 사용자에게 피드백을 남기는 쉬운 방법을 제공하라.
- 사용자가 자유로운 텍스트로 피드백을 남기게 하라.
- '이 애플리케이션을 평가하세요'를 모달 형식으로 제공하지 마라.

#82

무의미한 스플래시 화면을
사용하지 마라

스플래시^{splash} 화면은 iOS나 안드로이드 애플리케이션을 실행시키면 등장하는 전체 화면 크기의 그래픽을 말하며 회사 로고, 브랜드 메시지 또는 회사 비전 선언문을 보여 주기 좋은 장소다. 맞는가?

그림 82.1: 스플래시 화면(Artem on Unsplash 사진)

아니, 이렇게 하지 마라.

사용자는 당신이 세상을 더 나은 곳으로 만드는 방법에 관심이 없다. 그들은 애플리케이션을 통해 할 수 있는 작업을 하고자 애플리케이션을 실행시키고 싶을 뿐이다. 당신은 매번 몇 초씩 그들을 지연시키고 있다.

그 대신, 애플리케이션의 첫 번째 화면을 자세히 살펴본 후에 첫 화면의 레이아웃을 그대로 반영하지만 콘텐츠는 빠진 스플래시 화면을 제공하라. 이를 '뼈대^{skeleton} 화면' 또는 '콘텐츠 뼈대'라고 부른다.

그림 82.2: 슬랙(Slack)은 무의미한 스플래시 화면을 보여 주는 대신에 콘텐츠 뼈대를 잘 활용해 로드하는 동안 사용자가 제품에 바로 시작하게 한다.

사용자는 예상 인터페이스를 보다가 '실제' 인터페이스로 전환되면 애플리케이션이 더 빨리 로딩된다고 느끼게 된다.

UI를 신속하게 로드하고, 일부 사용자 인터랙션이 아직 준비되지 않았다면 사용자가 클릭했을 때 스피너를 표시하라. 워드 프로세서를 예로 들면 애플리케이션이 열리자마자 사용자가 타이핑을 시작할 수 있게 지원하면서 '차트 추가하기' 대화 상자는 사용자가 클릭하면 그때 로드하라. 사용자가 다른 것을 보기 전에 전용 로그인 화면을 먼저 표시해야 한다면 약간의 브랜딩을 그 화면에서 할 수 있다.

학습 포인트

- 스플래시 화면에 회사 정보를 표시하지 마라.
- 사용자가 제품을 가급적 빨리 사용할 수 있게 지원하라.
- 회사의 니즈가 아니라 사용자의 니즈를 우선하라.

#83

파비콘을 독특하게 만들어라

파비콘favicon, 애플리케이션 아이콘 또는 애플 터치 아이콘으로 불리는 것은 당신이 웹 애플리케이션에 추가하는 것을 잊어버렸을 수도 있는 아이콘이다. 파비콘은 브라우저 탭 UI 및 북마크 보기에 표시되며, 브랜딩 이상으로 유용한 목적을 제공한다

많은 탭이 열려 있고, 시작 메뉴 또는 폰의 폴더에 많은 애플리케이션이 있는 사용자는 당신의 애플리케이션을 신속하게 찾을 수 있어서 고마워할 것이다.

그림 83.1: 몇 가지 파비콘

밝고 선명한 아이콘이나 글자로 충분하지만, 16픽셀 크기에서 읽기 쉬운지 테스트하라. 아이콘이 실제로 정사각형이 아니라면 투명도를 사용하라. 탭바에서 보기 싫은 흰색 정사각형을 원하는 사람은 없다.

대부분의 브라우저는 6개의 파비콘 파일이 포함된 단 네 가지 유형의 파비콘으로 커버할 수 있다.

1. 32px 정사각형의 레거시 브라우저용 favicon.ico
2. 최신 브라우저의 라이트 및 다크 버전용 단일 SVG 아이콘
3. 애플 기기용 180px PNG
4. 192 및 512px PNG 아이콘이 있는 웹 애플리케이션 매니페스트^{manifest}

자주 쓰는 검색 엔진에 이들 중 하나를 입력하면 이 책에서 다룬 내용을 넘어서는 더 자세한 지침을 찾을 수 있다.

사용자가 애플리케이션을 즉시 확인하고 그 애플리케이션으로 전환할 수 있다면 누적으로 수천 시간에 달하는 시간을 절약시켜 주는 것이다. 아주 잘 했다!

학습 포인트

- 파비콘을 명확하고 독특하게 만들어라.
- 사용자는 파비콘을 사용해 탭, 즐겨찾기 등을 확인한다.
- 파비콘은 16픽셀만큼 작은 크기로 표시될 수 있으므로 그 크기에서 점검하라.

#84

'기존 항목에서 만들기' 흐름을 추가하라

많은 애플리케이션에서 종종 간과되는 흐름은 '기존 항목에서 만들기' 흐름과 템플릿을 만드는 기능이다. 사용자가 애플리케이션에서 처리하는 것(고객, 주문 또는 실제로 반복적인 작업)이 무엇이든, 가능하다면 '기존 항목에서 만들기' 흐름을 제공해야 한다.

사용자가 세심하게 만든 작업을 재사용할 기회가 주어졌을 때 이 간단한 흐름은 사용자에게 엄청난 시간 절약과 생산성 향상을 갖다준다.

'기존 항목에서 만들기', '복사 및 편집하기' 또는 '복사하기'를 선택하면 제품은 다음과 같이 작동해야 한다.

- 시스템이 아이템을 복사하고, 새로운 ID를 부여한다.
- 사용자에게 편집 뷰가 보이는데, 새로운 이름(원래 제목에서 '사본copy'가 덧붙여짐)이 표시된다.
- 필드는 원래 항목의 데이터로 미리 채워진다.
- 사용자는 원하는 만큼 수정하고 나서 '저장'을 클릭할 수 있다.

이에 대한 확장은 사용자가 계속해서 다시 보게 될 작업을 위한 '템플릿으로 저장하기'가 될 수 있다. 또한 템플릿은 신규 사용자를 위한 훌륭한 온보딩 리소스라는 이점도 있다. 캔바Canva, 미로Miro, 피그마Figma는 모두 신규 사용자의 적응을 돕는 뛰어난 템플릿을 제공한다.

이 흐름은 사용자가 항목을 추가하거나 목록을 유지하는 모든 곳에서 유용하다. 이는 다수의 상세 기록으로 구성되는 B2B 애플리케이션(고객 기록, 주문 등)에서 상당히 일반적이다. 이 흐름은 소비자 중심의 애플리케이션에서도 지리를 잡았다. 프레젠테이션presentation 툴에서 슬라이드를 복사하고, 이어서 콘텐츠를 편집하는 것은 자주 사용되는 패턴이다.

학습 포인트

- 사용자가 시스템에서 기존 항목의 사본을 만들 수 있게 하라.

- 동일한 세부 사항을 매번 재입력하게 하지 마라.

- 사용자가 그들의 작업을 템플릿으로 생성, 편집, 재사용할 수 있게 하라.

#85

사용자가 쉽게
결제할 수 있게 만들어라

제품 결제 경로는 다양하고 많지만, 실물을 판매하지 않더라도 사용자에게 업그레이드를 요청하고 결제 상세 정보의 입력을 요청하는 경우가 종종 있다.

이러한 인터랙션은 높은 수준의 사용자 경험에 미치지 못하는 것이 반복된다. 복잡한 신용 카드 양식, 매우 긴 주문 폼에서 너무 많은 정보를 요구한다거나 또는 불분명한 가격 플랜 정보 같은 것들은 엄청난 기회를 놓치는 것이다.

어느 정도는 모바일 애플리케이션에서 해결된 문제다. iOS와 안드로이드 모두 인앱in-app 구매 및 가입에 대한 광범위한 지원을 포함하므로 디자이너가 투박한 자체 방식이 아닌 기본 입력 시스템을 사용할 수 있다. 지불 상세 정보를 저장해 둔 사용자라면 보통 한 번의 탭으로 구매할 수 있다.

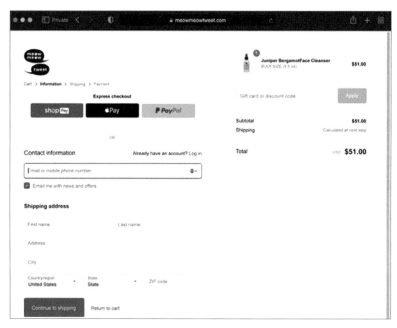

그림 85.1: 쇼피파이 체크아웃 경험은 충분한 테스트를 거쳤으며 거의 완벽하다

하지만 웹을 벗어나면 또 다른 이야기가 된다. 쇼피파이와 같은 유명 온라인 상점이 이것을 어느 정도 표준화하는 데 도움을 줬지만, 많은 제품에서는 여전히 너무 혼란스럽고 복잡하다.

먼저, 가격 페이지가 있다. 다수의 가격 페이지는 사용자가 다양한 플랜, 서비스 가입, 추가 묶음을 이해하기 어렵게 구성돼 있다. 사이트에 가격 페이지가 있는 경우도 마찬가지다. 가격 페이지에 보편적인 UX 원칙을 적용해 보자.

- 지나치게 긴 기능 및 혜택 목록은 사용자가 분석하기 어렵다. 따라서 목록을 짧게 만들거나 고객이 더 비싼 가격 옵션의 이점을 볼 수 있는 비교 포맷을 고려하라.
- '구입하기' 버튼을 시각적 단서를 사용해서 명확하게 만들어라.
- 가격 구조를 단순하게 유지하라. 예를 들어 상이한 기능 및 가격대를 가진 요금제 몇 가지로 구성하라. 사용자가 가치를 계산하기 별나고 멋진 추가 기능을 피하라.

많은 회사에서 당신의 급여는 가격 책정 및 결제의 성공 여부에 따라 달라지므로 이 책의 나머지 원칙들을 가격 책정 페이지에 신중하게 적용하라.

다음으로 주문 양식을 살펴보자. 양식을 단순하게 만들고 불필요한 정보를 요구하지 말고, 사용자에게 구매 항목에 대한 제어 권한을 부여하라. 예를 들어 수량 변경, 컬러나 스타일 변경, 또는 항목 삭제와 같은 권한이다.

마지막으로 결제 양식을 쓰기 편하게 만들어라. 가격을 이해하고, 제품이나 서비스를 수분하고, 결제하는 사용 흐름은 가장 중요한 기능 중 하나로 다뤄져야 한다. 이것은 비즈니스 생존에 필수적이다.

제품이 마음에 들었기 때문에 사용자가 결제하려는 것이므로 결제를 가능한 한 쉽게 만들어야 한다. 가급적 표준이고 이해하기 쉬운 패턴을 사용하고, 이 흐름을 정기적으로 테스트하라.

학습 포인트

- 결제 및 주문 페이지를 가급적 사용하기 쉽게 만들어라.
- 가격 페이지를 숨기지 말고, 간결하고 명확하게 만들어라.
- 지불 흐름을 정기적으로 테스트하라.

#86

검색 결과를 사용자가
필터링할 수 있게 하라

웹 인터페이스의 초기에는 대부분의 검색 시스템이 다음과 같이 작동했다.

1. 빨간색 신발과 같은 검색어를 입력한다.
2. 시스템에서 10만 켤레의 빨간색 신발을 찾아 준다.
3. 사용자는 8 사이즈의 남성용 신발로 다시 시도한다.
4. 시스템은 모든 용어에 대해 **AND** 매칭을 시도한다.
5. 결과 페이지에 0건이 표시된다.
6. 사용자는 원하는 결과를 얻기 위해 쿼리를 변경하는 방법을 알아내야 한다.

일부 기업 및 비즈니스 시스템은 여전히 이러한 방식으로 작동하며, 오랫동안 어려움을 겪고 있는 사용자에게 큰 좌절감을 안겨 준다. 이것은 엔지니어링 요구 사항에 직접 매핑된 인터페이스 설계의 증상이다. 이는 데이터베이스가 쿼리^{query}되는 방식이지만 사람의 사고방식이 작동하는 방식은 아니다.

e-커머스 사이트에 의해 개척된 지난 10년 동안 검색은 훨씬 더 좋아졌다. 최근의 예는 다음과 같다.

1. 빨간색 신발과 같은 검색어를 입력한다.
2. 시스템은 10만 켤레의 빨간 신발을 찾아준다.
3. 사용자는 필터 시스템을 사용해서 결과를 필터링할 수 있다.
4. 사용자는 원하는 결과를 얻기 위해 남성과 사이즈 8을 선택한다.

예를 들어 다음 스크린샷은 영국 소매업체인 해비태트^{Habitat}에서 옷장을 검색하는 과정을 보여 준다. 사이트는 1도어, 2도어 등을 제안하며 왼쪽에 다양한 필터를 제공한다.

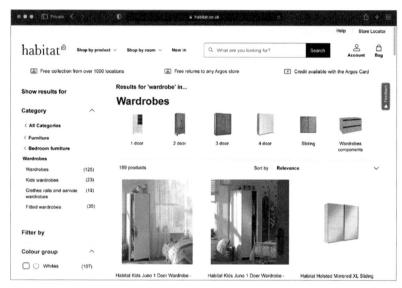

그림 86.1: 해비태트에서 검색 결과 필터링

이러한 사용성의 비약적인 발전은 우리 앞에 있는 옵션을 보기 전까지는 원하는 깃이 무엇인지 알지 못한다는 사실을 깨닫는 데서 비롯됐다. 그래야만 결과의 맥락에서 우리가 기대하고 있는 것을 찾기 위한 다음 단계를 볼수 있다.

e-커머스에서 벗어나 이 패턴은 다음과 같은 광범위한 다른 소프트웨어 인터페이스에 적용될 수 있다.

- 내 주변에서 항목 찾기, 그다음 중고 또는 신품으로 필터링
- 내 모든 서버를 나열한 다음 리눅스 서버만 필터링
- 리스본행 항공편을 모두 표시한 다음 직항편만 표시

사용자가 밀어넣고 추측하지 않게 하라. 광범위한 용어로 쿼리한 다음 나중에 정제하게 하라.

학습 포인트

- 사용자가 광범위한 검색 쿼리를 입력한 다음 나중에 정제하게 하라.
- 사용자가 처음에 올바른 검색어를 알아내게 강요하지 마라.
- 사용자가 찾고 있는 것의 종류에 따라 맞춤형 필터를 제공하라.

#87

사용자는 파일 시스템을
이해하지 못할 것이다

컴퓨터의 파일 시스템은 운영체제를 구성하며 모든 애플리케이션, 리소스, 문서, 이미지, 음악 파일을 포함하는 수천 개의 폴더와 파일의 복잡한 트리다. 당신의 사용자는 이것을 이해하지 못할 것이며, 그들이 이해해야 할 필요도 없다.

난 사람들이 주로 마이크로소프트 워드^{Microsoft Word}를 사용해서 컴퓨터 또는 네트워크에서 정보를 검색하는 것을 목격한 적이 있다. 그들은 워드^{Word}를 열고, '열기^{open}' 명령을 사용해서 문서를 탐색한다. 이미지를 발견하면 그것을 워드 문서 내부에서 열어 볼 것이다. 컴퓨터에 능한 사람들에게는 이 이야기가 아마 미친 소리처럼 들릴 것이다. 하지만 주로 워드 문서를 작성하고 관리하는 사용자들은 수긍할 것이다. 이 사람들이 멍청한 것이 아니라 파일이 컴퓨터에 저장되는 방식을 이해하지 못할 뿐이다.

스마트폰과 태블릿이 보편화된 이유 중 하나는 파일을 볼 수 있는 방법이 없다는 사실이다. 아이패드^{iPad}에는 애플리케이션과 해당 애플리케이션 내에 '문서'가 있다. 애플리케이션을 열면 그 애플리케이션에 대한 문서가 있다.

고급 사용자는 정말로 원한다면 파일을 뒤져서 접근할 수 있지만, 실수로 중요한 시스템 파일을 삭제하고 기기를 손상시킬 간단한 방법은 없다.

제품과 정보 저장 방법에 대한 사용자의 멘탈 모델을 생각해 보라. 사용자가 제품을 처음 접하면 그들은 정보를 저장하고 검색하는 방법에 대한 멘탈 모델을 형성해야 한다. 애플리케이션에 파일을 저장하는가? 작업을 다운로드해야 하는가? 폰에서 작업을 시작하면 데스크톱에서 이어할 수 있는가?

이를 사람들에게 분명하게 하라.

- 안내를 위한 온보딩 마법사를 제공하라.
- 작업을 자동으로 저장하라.
- 파괴적인 행동에 대한 경고를 제공하라('저장하시겠습니까?').
- 저장 방식에 대해 걱정하지 않고 작업을 완수하려는 사용자의 욕구를 존중하라.

학습 포인트

- 사용자는 기기의 파일 시스템을 이해하지 않아도 되며 이해할 필요도 없다.
- 사용자의 작업이 저장되는 방식과 위치를 명확히 하라.
- 어떤 복잡성을 숨겨서 사용자의 경험을 향상시킬지 검토하기 위해서 이 원칙을 사용하라.

#88

말하지 말고 보여 줘라

'말하지 말고 보여 줘라'라는 표현은 대본과 소설에서 유래했다. 극작가인 안톤 체호프Anton Chekhov가 한 말로 알려져 있는데, 이 기법은 독자가 작가의 해설이나 묘사가 아니라 행동, 말, 감각, 감정을 통해 스토리를 경험하게 하는 것이 목표다.

시청자(또는 사용자)에게 상황을 보여 주고, 그들 나름대로 접근하게 하라. 온보딩, 기능 가이드 또는 다른 안내와 같은 경험에 공을 들이는 중이라면 이는 스스로에게 되풀이하기에 좋은 주문이다. 제품 사용법을 보여 주는 것이 말해 주는 것보다 항상 더 낫다.

첫 번째 이유는 사용자가 텍스트를 읽지 않기 때문이다. 정말로 읽지 않는다. 수차례의 사용자 테스트에서 내 눈으로 이를 목격했다. 사용자는 화면상의 텍스트를 읽지 않는다. 단어를 사용한 설명을 쓰지 않고 그들에게 제품 사용법을 보여 줘야 한다.

그림 88.1: 슬랙은 장황한 설명 대신에 사용자에게 주요 기능에 대한 한 줄의 텍스트와 그 밑에 그보다 덜 중요한 추가 텍스트를 제공한다.

화면상의 팁은 좋은 출발점이다. 팁은 반복 사용자가 쉽게 닫을 수 있어야 하지만(아마도 이번에 이 애플리케이션을 처음 설치한 것은 아닐 것이다), 신규 사용자에게는 표시돼야 한다. 이러한 팁은 사용자가 시작할 수 있도록 애플리케이션의 특정 영역에 하이라이트 표시를 할 수 있다. 인터페이스의 주요 영역이 표시되고 나면 스스로 더 많이 발견하도록 내버려둘 수 있다.

비디오 데모는 더 복잡하거나 훨씬 전문적인 제품에 가장 적합하다. 이것은 앉아서 보고 있기가 번거롭고 힘들기 때문에 재방문 사용자에게는 이를 건너뛸 수 있게 해주길 바란다. 물론 이점은 복잡한 UI를 조작하는 방법을 더 자세하고 구체적인 설명할 수 있다는 것이다. 이 기법은 비디오 편집기, 그래픽 툴, 음악 소프트웨어와 같은 전문 소프트웨어에서 효과가 매우 좋다. 소비자 제품에서는 그다지 필요치 않다.

'말하지 말고 보여 줘라' 접근법을 보다 효과적으로 만드는 마지막 방법은 이미 사용되는 제품을 기반으로 개발하는 것이다(#98, 사용자가 기대하는 경험을 제공하라 참고). 사용자가 당신의 제품과 비슷한 제품을 써본 적이 있다면 그 경험을 활용해서 금세 아주 순조로운 출발을 보일 것이다.

학습 포인트

- 사용자는 텍스트를 거의 읽지 않으므로 말하고자 하는 바를 보여 줘라.
- 비디오 데모는 복잡한 소프트웨어 및 UI에 아주 좋다.
- 재방문 사용자가 데모를 건너뛸 수 있지만, 원한다면 다시 접근할 수 있게 하라.

용어

제품에서 당신이 사용하는 단어는 사용자를 안내하거나 도와주고, 잘못 쓴 경우에는 사용자를 혼란스럽게 하고 소외시키는 강력한 힘을 가진다. 이 섹션에서는 애플리케이션 내 카피라이팅(copywriting)을 한 단계 끌어올리는 지름길과 우수 사례를 다룬다.

#89

용어를 일관되게 사용하라

제품에 쓰인 단어(또는 카피)는 두 가지 목적을 갖는다. 첫 번째는 매우 명확하다. 항목과 뷰에 레이블을 지정하고, 사용자에게 이 요소들이 무엇인지를 알려 준다.

두 번째는 덜 명확하지만, 더 중요하다. 당신이 사용하는 단어는 제품에 대한 정확하고 설명적인 언어가 된다. 이 언어를 이해하고 분석하는 것은 사용자가 제품 동작 방식에 대한 멘탈 모델 형성에 필수적이다.

- e-커머스 쇼핑 카트를 '카트'라고 부른다면 모든 곳에서 이를 '카트'라고 불러라.
- 사용자의 프로필 페이지를 '프로필'이라고 부른다면 모든 곳에서 이를 '프로필'이라고 불러라.
- 사용자의 이메일 설정을 '이메일 설정'이라고 부른다면 모든 곳에서 이를 '이메일 설정'이라고 불러라.

이것들을 뒤죽박죽으로 쓴다면 사용자가 일관성 없는 용어들을 곰곰이 생각하고 그 뜻을 이해하는 데 더 오랜 시간이 걸릴 것이다.

또한 제품에서 사용하는 어조tone에 대해서도 생각해 보라. 예를 들어 격식을 한껏 차린 에러 메시지는 어린이용 모바일 게임에서 불쾌하거나 달갑지 않게 비춰질 수 있다. 반면에 온라인으로 여권을 신청하는 경우 당신은 경솔하지 않은 매우 명확하고 정확한 에러 메시지를 원한다.

UI에 사용되는 단어는 많은 사람이 인식하는 것보다 훨씬 더 많은 의미를 가진다. 사용할 올바른 용어에 집중하면 사용자를 더 행복하게 만들 수 있다.

학습 포인트

- 제품 전반에서 일관된 용어를 사용하라.
- 마음대로 레이블^{label}을 붙이지 마라. 제품을 위해 일관된 언어를 구축하라.
- 일관된 카피를 사용해서 사용자가 보다 신속하게 멘탈 모델을 형성하도록 도와라.

#90

'로그 인'과 '로그 아웃' 말고
'사인 인'과 '사인 아웃'을 사용하라

모든 사람은 회의에 참석하거나 의사 또는 치과의사를 만나기 위해서 서명을 하고 들어간다. 사인 인은 사람들이 현실 세계에서 실제로 하는 일이다. 현실 세계에서 '로그인log in' 경험이 있는 사람은 없다. 이 용어는 선원이 그날 항해한 시간과 거리를 적던 항해 일지에서 유래한 것이다. 물론 당신의 사용자가 18세기 선원일 가능성은 전혀 없다!

그럼에도 소프트웨어에서 '로그 인'(또는 더 심한 '로그온logon')을 보는 것은 아주 흔한 일이다. 특히 개발자가 디자인한 B2B 소프트웨어에서는 더욱 그렇다.

익숙함을 위해서 제품에서 '사인 인'과 '사인 아웃'을 일관되게 사용하라. 이것들은 현실 세계와 연결된다. 물론 당신의 제품이 시간 여행을 하는 해적을 위한 모바일 애플리케이션이 아닌 경우에 한한다.

학습 포인트

- 제품에서 '사인 인'과 '사인 아웃'을 사용하라.
- 익숙함을 위해 이와 같은 태스크를 실제 상황과 관련지어라.
- 특히 무서운 '로그온'을 피하도록 노력하라.

#91

가입인지 사인 인인지
명확하게 밝혀라

이 섹션의 원칙은 용어의 혼돈을 논하며, 내가 이 글을 쓰는 2022년에는 이러한 용어들이 표준화되기 시작했다는 징후는 없다. 애플리케이션과 웹사이트에는 여전히 '로그 인', '사인 인', '로긴Login' 등이 혼재돼 있다.

하지만 그 이상이다. 제품의 인터랙션 플로interaction flow는 사용자가 (처음으로) 가입하는지 (반복 사용자로서) 사인 인하는지 여부를 명확히 해야 한다. 자주 사용하지 않는 제품은 다시 사인 인해야 하는 경우가 많으며, 보안이 강화된 애플리케이션은 종종 이중 인증two-factor authentication을 사용해서 매번 사인 인해야 한다. 따라서 사용자가 제품을 쉽게 다시 사용할 수 있게 만들자.

그림 91.1: 이 와이어프레임(wireframe)은 이 문제를 해결할 명확한 방법을 보여 준다. 모든 애플리케이션에서 이렇게 하지 않는 이유는 무엇인가?

이러한 '사인 인 혼란'에 대한 이론은 적극적인 전환 최적화가 전체 화면을 종종 가입 유도책을 화면 전체 공간에 할애하기 위해서 사인 인 옵션을 숨긴다는 것이다. 물론 이는 한 가지 측면에서 타당하다. 사용자는 힘들게 애플리케이션을 다운로드했으며 분명히 다음 단계는 계정을 생성하는 것이다.

그러나 이를 과도하게 사용하는 것은 근시안적이다. 그것은 충성스러운 단골 고객을 좌절시키고 소외시킬 뿐이다. 단기 가입 지표에는 좋을 수 있지만 유지가 더 중요하다.

학습 포인트

- '사인 인'과 '등록'은 명확하며 모호하지 않다. 사용자에게 두 가지 옵션을 제공하라.
- 옵션을 명확하게 하기 위해 추가적인 힌트 텍스트를 고려하라.
- '등록'만으로 전체 뷰를 점유하지 마라.

#92

비밀번호 재설정 경험을
표준화하라

비밀번호 재설정은 사인 인 경험에서 흔히 사용되는 부분이다. 사용자는 실수를 하기 마련이고, UX 전문가로서 최선을 다해 사용자를 돕는 것이 우리의 일이다.

비밀번호의 경우, 비밀번호 매니저를 사용하시 않는나면 너무 기억아기 쉬운(그리고 추측하기 아주 쉬운) 비밀번호를 쓰고 있거나 비밀번호를 잊어버린 적이 있었을 것이다.

사용자가 이메일이나 문자 메시지로 비밀번호를 재설정할 수 있게 하는 것은 유용한 패턴이며, 지금은 표준화가 될 정도로 잘 알려져 있다. 그럼에도 비정상적인 용어 또는 UI를 사용해서 비밀번호 재설정 및 계정 재접속을 쓸데없이 어렵게 만든 웹과 모바일 애플리케이션 사례가 수없이 많다.

컨트롤을 '비밀번호를 재설정하세요', '계정에 접근할 수 없나요?' 또는 '재설정 링크 받기'가 아니라 '비밀번호 찾기'라고 불러라. 대부분의 사용자는 이것이 비밀번호를 잊어버렸다는 가장 흔한 유스 케이스를 위한 경로라는 것을 이해하지 못할 것이다.

사용자가 이메일 주소 또는 사용자 이름을 이미 입력했다면 **비밀번호 찾기** 양식에 이메일이나 사용자 이름을 미리 채워라. 그들이 처음부터 다시 입력하게 하지 마라.

이메일 또는 SMS를 통해 다음과 같은 링크를 받아야 한다.

- 신규 비밀번호 설정 페이지로 이동하라.
- 클릭 한 번으로 만료가 되지 않게 하라(사용자는 종종 더블클릭한다!).
- 석설한 시간이 지나면 만료가 된다.
- 비밀번호가 성공적으로 재설정되면 만료가 된다.

이렇게 하면 사용성과 보안 사이에서 균형을 잘 잡을 수 있다. 디자이너로서 흔히 해야 하는 절충안이다.

마지막으로 제품에서 더 오래 지속되는 세션 허용을 고려하라. 너무 자주 사인 아웃시키지 마라. 사용자가 사인 인하면 쿠키 또는 세션 토큰이 브라우저나 모바일 기기에 안전하게 저장된다. 기기를 분실하거나 도난당한 경우에는 기기에 PIN 코드 또는 비밀번호가 걸려 있을 것이다.

짧은 시간(회사 애플리케이션의 경우는 30분, 모바일 애플리케이션의 경우는 이틀 정도)이 지난 후에 자동으로 사인 아웃시키는 것은 사용성에 좋지 않다. 이렇게 되면 사용자는 더 자주 사인 인을 해야 한다. 반복되는 사인 인은 그들에게 더 많은 번거로움과 더 열악한 경험을 만들어 내며, 그 결과 그들이 더 쉬운 비밀번호를 선택함으로써 계정의 보안 수준이 약화된다.

학습 포인트

- 사용자가 문제를 해결하는 기능이라는 것을 알 수 있도록 '**비밀번호 찾기**'를 사용하라.
- 사용자가 이미 사용자 이름을 입력했다면 그것을 미리 채우고 다시 묻지 마라.
- 더 오래 지속되는 사인 인 세션을 제품에서 고려하라.

#93

사람이 쓴 것처럼 작성하라

소프트웨어에 사용된 용어는 시스템 지향적 또는 조직 중심적 관점에서 작성되는 경우가 매우 빈번하다. '**고객 편집**' 또는 '**신규 고객 생성**'과 같은 메뉴 옵션을 자주 보게 되는데, 멈춰서 잠시 생각해 보라. 고객은 사람이며 우리는 그들을 만들어 내는 것이 아니다. 첫 번째 옵션은 실제로 고객을 편집하지 않으며, 두 번째도 신규 고객을 생성하지 않는다.

개발자 입장에서 고객은 단지 데이터베이스 기록일 뿐이므로 그들을 편집하고 새로운 것을 생성하는 것이 말이 된다. 하지만 사용자 입장에서는 이러한 옵션들에 '**고객 세부 사항 편집**'과 '**신규 고객 추가**'라는 더 적절한 이름을 붙여야 한다.

이 원칙은 객관성과 공감을 통해 가장 잘 달성된다. 다시 말해 제품의 관점에서 벗어나서 고객의 눈으로 제품을 바라볼 수 있게 되는 것이다. 편리한 소프트웨어를 개발하려면 이 단계를 거쳐야 하며 노력을 기울일 가치가 있는 일이다.

제품 내부 카피, 메뉴 컨트롤, 마케팅 자료에서 사용하는 단어에는 힘과 무게가 있다. 이를 통해 사람들을 환영하거나 소외시킬 수 있고, 올바른 경로로 안내하거나 그들을 혼란스럽게 만들 수도 있다. 사용자 중심의 관점에서 글을 쓰도록 애써라. 글쓰기에 공을 들여라. 그러면 사람들이 쓰고 싶은 제품을 만들게 될 것이다.

학습 포인트

- 조직이 아닌 사용자 중심의 관점에서 작성하라.
- '회사에서 쓰는 표현corporate speak' 또는 내부 비즈니스 언어가 제품에 스며들지 않게 하라.
- 당신이 사용하는 단어가 제품에 대한 사람들의 인식에 어떤 영향을 미칠 수 있을지 고려하라. 그리고 그들이 어떻게 느끼는지 알아보기 위해 신속한 '게릴라' 테스트를 시도하라.

#94

수동태보다 능동태 동사를 선택하라

이 책의 대부분은 시각 디자인을 사용해서 사용자 경험을 향상시키는 것에 관한 것이다. 하지만 우리가 디자이너로서 사용하는 단어도 제품의 사용성에 큰 영향을 미친다.

10년 전, 나는 쉬운 영어 캠페인(읽고 이해하기 쉬운 문서에 '크리스털 마크'를 찍어 주는)의 일환으로 개설된 반나절 코스에 참석했다. 아주 좋은 팁들이 많았지만, 능동태와 수동태 섹션은 정말 내 마음에 확 와닿았다.

> 문장의 주어가 동사에 따라 행동할 때에는 동사가 수동태다. 예를 들어 '공이 투수에 의해 던져졌다'에서 공(주어)은 동사의 행위를 받았고, '던져졌다'는 수동태다. 동일한 문장을 능동태로 바꾸면 '투수가 공을 던졌다'가 된다.
>
> - Dictionary.com(능동형의 정의(https://www.dictionary.com/browse/active-voice)와 수동형의 정의(http://www.dictionary.com/browse/passive-voice))

능동태가 더 직접적이므로 사용자가 그 의미를 해석하는 데 필요한 멘탈 단계가 더 적다. UX에서 능동태는 더 신속하게 사용되고 이해될 수 있는 인터페이스로 변환된다. 카피를 능동태로 바꾸면 덜 딱딱하고 덜 관료적인 것처럼 들리게 되며 사용자는 이 단순함을 높이 평가할 것이다.

다음 문장을 고려하라.

- 이 문제는 곧 우리에 의해 고려될 것이다. (수동사)
- 우리는 이 문제를 곧 고려할 것이다. (능동사)

능동태는 더 또렷하며 더 적은 수의 단어를 사용한다. 소프트웨어 디자인 분야에 적용하면 화면상의 카피를 더 읽기 쉽게 만들 수 있다.

다음은 몇 가지 예다.

- '업데이트를 적용하려면 컴퓨터가 반드시 다시 시작돼야 합니다'는 수동태다. 이 문장을 더 명확하고 효과적인 '업데이트 적용을 위해 컴퓨터를 다시 시작해 주세요'와 비교하라.
- '검색어를 입력한 후에 '검색' 버튼이 클릭돼야 합니다'는 훨씬 더 간단한 '검색어를 입력하고 '검색'을 클릭하세요'로 대체될 수 있다.

이러한 언어에 지속적인 영향을 받은 커다란 관료적인 조직 내에서 대다수의 소프트웨어가 디자인됐기 때문일 수도 있다. 수동태는 보통 더 격식을 차린 것처럼 들리는 것과 연결되지만, 실제로는 거만하고 혼란스럽게 들린다.

제품이 진화함에 따라 필연적으로 점점 더 많은 이해관계자가 발언권을 가지려고 끼어든다. 브랜딩에서는 카피가 브랜드 가치를 반영하길 원하고, 법무팀에서는 사실에 기반해 정확하고 빈틈없길 원하며, 그로스 해커growth hacker는 키워드를 가득 채워 넣기를 원한다. 결국 사용자에게 제시되는 것은 본래 아이디어가 희석돼 수동태로 바뀐 버전이며, 이는 복잡하고 우회적이다.

수동태는 당신의 인터페이스를 더 느리고 이해하기 어렵게 만들므로 이를 뿌리 뽑고 없애야 한다.

학습 포인트

- 애플리케이션 내부 카피에서 수동태보다 능동태를 선택하라.

- 카피와 레이블이 이해하기 쉬운지 끊임없이 리뷰하라.

- 문구를 실제 사용자에게 테스트하고 어떤 것이 최상의 결과를 보여 주는지 찾아라.

기대

좋든 싫든 사용자는 이미 마음속에 기대치를 갖고 제품을 찾는다. 이 섹션에서는 친숙한 경험으로 고객을 편안하게 하면서도 세계적 수준의 사용자 경험을 제공하는 방법을 다룬다.

#95

검색 결과 페이지 최상단에
가장 관련성이 높은 결과를
표시해야 한다

이 가이드의 모든 원칙 중에서 이것이 가장 쉬운 것일지도 모른다. 당연히 가장 관련성이 높은 결과를 사용자에게 먼저 보여 줘라. 하지만 이 원칙은 반복해서 깨지고 있고, 사용자는 관련성이 높지 않은 항목을 먼저 제공받고 있다. 그렇다면 왜 사용자에게 검색을 요청해 놓고 그들에게 형편없는 검색 결과를 보여 주는가?

이유 1: 검색 알고리듬이 형편없다.

기술적으로는 이것이 가장 해결하기 어려운 문제다. 검색 결과의 순위를 매기는 것은 경우에 따라 까다로운 기술적 문제다. 하지만 검증된 기술이 있으며(예를 들어 단어 빈도-역 문서 빈도TF-IDF, Term Frequency-Inverse Document Frequency는 텍스트 문서 순위 지정에서 매우 널리 사용되는 알고리듬이다), 많은 기존의 검색 툴은 몇 가지 합리적인 기본값을 포함한다.

사용자가 기대하는 구글 수준의 검색을 개발하는 것은 어려운 태스크다. 사용자는 구글의 순위 알고리듬에 셀 수 없이 많은 인력이 투입됐다는 것을 알지 못한다. 그들은 단지 당신의 사이트에서 검색 결과의 순위가 효율적으로 매겨지기를 기대한다. 검색을 테스트하고, 사이트 분석 정보를 자세히 살펴보고, 어떤 검색어가 가장 인기 있는지 확인하라. 그리고 반드시 검색 결과가 서로 관련성이 높도록 만들어라.

이유 2: 필터 기본값이 형편없다.

아마 검색 결과는 데이터베이스에서 적절한 순위로 돌아오는데, 당신이 잘못 선택된 필터를 적용하고 있을 수 있다. 예를 들어 사용자가 경매 사이트에서 항목을 검색하는 경우 가장 기까운 항목만 먼저 표시된다. 사용자의 위치를 알고 있기 때문에 이것이 좋은 아이디어로 보일 수 있지만, 사용자가 제품을 배송받는 것이라면 거리는 상관이 없으며 더 좋고 저렴한 제품이 목록 아래에 있을 수 있다. 적절한 기본값을 선택하고 당신의 선택을 사용자에게 보여 주고 그들이 마음대로 변경할 수 있게 지원하라(#96, 알맞은 기본값을 선택하라 참고).

이유 3: 사용자가 원치 않는 것을 팔려고 한다.

더 사악한 이유는 많은 사이트에서 당신이 보길 원하는 항목이 아니라 당신에게 보여 주고 싶은 항목을 표시한다는 것이다. 이것은 회사 내부의 니즈를 충족시키는 것 외에는 아무런 쓸모가 없다. 사용자를 화나게 만드는 확실한 방법이므로 이렇게 하지 말아야 한다. 렌터카를 몇 대 더 판매할지도 모르지만, 그 대가로 고객 대다수를 열받게 만들 것이다. 사용자가 원하는 방식으로 결과를 필터링할 수 있게 하라(#86, 검색 결과를 사용자가 필터링할 수 있게 하라 참고).

학습 포인트

- 검색 결과 페이지 상단에 가장 관련성이 높은 결과를 표시하라.
- 사용자가 검색 결과를 수정할 수 있도록 정렬 순서 및 필터와 함께 명확한 컨트롤을 제공하라.
- 사용자처럼 생각하라. 사용자가 어떤 결과를 제일 먼저 보면 좋을까?

#96

알맞은 기본값을 선택하라

기본 설정의 힘은 종종 간과되지만, 제품의 UX에 영향을 미칠 수 있는 엄청난 잠재력을 갖고 있다.

훌륭한 기본값의 몇 가지 예다.

- 차에 타면 폰이 블루투스 차량에 연결된 것을 감지하고 사운드 출력이 헤드셋에서 차량 스피커로 전환된다. 이는 훌륭한 기본 동작이다.
- 애널리틱스^{analytics} 제품에 사인 인하면 선택된 기간이 '이번 주'이고 비교 기간이 '지난 주'다. 기본 설정이 '오늘'이라서 아무 데이터도 안 보인다고 가정해 보자. 쓸모없다. 그렇지 않은가?
- '최근 통화 목록'에서 이름을 탭하면 신규 문자 메시지나 영상 통화가 시작되는 것이 아니라 그 사람에게 전화가 걸린다. 그 옵션들은 콘텍스트 메뉴에 감춰져 있다.

알맞은 기본값을 선택하는 것은 요소들 간의 균형이다.

- 이 기본 설정을 얼마나 많은 사용자가 원할 것이라고 생각하는가(또는 연구를 통해 알고 있는가)?
- 사용자가 설정을 변경하기가 얼마나 어려운가?
- 설정 변경 찾기가 얼마나 쉬운가?

이러한 요소들을 심사숙고하는 것이 UX 전문가로서 당신의 일이며, 자료는 물론 직감에 기반해 많은 판단이 이뤄질 것이다. 신기능을 단지 새롭다는 이유로 노출시키고, 이를 기본 설정으로 지정하고 싶은 유혹이 있다. 그렇게 하지 마라. 사용자는 새롭다고 해서 관심을 갖지 않는다. 그들은 그것이 유용한지 아닌지에 신경을 쓴다.

'애플리케이션을 업데이트하더니 이제는 X를 하라는데?'라고 사용자가 불평하는 것을 얼마나 많이 들어 봤는가? X가 새로운 기본값이 아니라 옵션이었다면 사용자가 더 행복했을 것이다. 사용자 테스트, A/B 테스트, 애널리틱스 연구를 통해 일반적인 사용자 여정을 식별하고 대다수 사용자의 기본값을 최적화할 수 있어야 한다. 이러한 종류의 연구는 종종 80/20 규칙 또는 **파레토 법칙**^{Pareto principle}을 따르는 결과를 산출한다. 사용자 여정의 상위 20%를 최적화하면 사용자의 80%에게 긍정적인 영향을 미칠 수 있다.

마지막으로 사용자의 절대 다수는 설정 메뉴에 진입하지 않으며 기본 설정 그대로 제품을 사용한다는 점에 유의하라. 대부분의 사용자에게 기본 설정은 유일한 설정이므로 적절하게 선택하라.

학습 포인트

- 선택한 기본 설정에 대해 신중히 생각하라.
- 대다수의 사용자는 기본값을 절대 변경하지 않는다.
- 기본값을 결정할 때 검색 용이성과 사용 빈도 사이에서 균형을 유지하라.

#97

액션을 막으려면 모달 뷰만 사용하라

모달이란 대화 상자나 전체 화면 테이크오버takeover와 같은 모달 뷰를 말한다. 사용자는 결정을 내려야 하는 모드로 몰리며, 모달 처리 외에는 아무것도 할 수 없다.

이는 사용자의 흐름을 중단시키며 일부 액션에는 적절할 수 있다. '모든 항목을 영구히 삭제하시겠습니까?'는 그 좋은 예다. 그러나 너무 잦은 모달은 아무렇게나 내팽겨지며 고객은 멈춰서서 각각의 모달을 처리해야 한다.

모달 처리는 수고가 들어가는 태스크다. 사용자는 다음을 수행해야 한다.

1. 작업 중이던 콘텍스트에서 벗어난다.

2. 모달 텍스트를 읽는다.

3. 무엇을 해야 하는지, 그리고 이것이 제품에서의 현재 목표에 어떤 영향을 미칠지 파악한다.

4. 모달을 조작한다.

이러한 추가 인지 부하가 가중되며, 너무 많은 모달(필요하지 않은 경우)은 고객을 화나게 할 뿐이다. 의도치 않게 사용자 흐름을 끊는 것은 종종 사용자가 좌절감을 느끼게 하는 원인이며, 애플리케이션이 느리거나 불안정하게 보이게 만든다.

파괴적인 액션(위의 영구 삭제와 같은)에 모달 뷰를 사용하는 것이 이상적이다. 사용자는 예 또는 아니오를 결정해야 하며 옵션을 선택해야만 계속할 수 있다. 좋은 방법은 '사용자가 이에 응답하지 않고 계속할 수 있는가?'라고 스스로에게 묻는 것이다. 계속할 수 있다면 모달을 사용하지 마라.

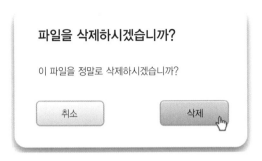

그림 97.1: 좋은 모달 −사용자는 다른 일이 발생하기 전에 이에 대한 결정을 내려야 한다.

일반적인 실수는 덜 중요한 이벤트에 너무 큰 의미를 부여하는 것이다. 좋은 예는 쇼핑 애플리케이션에서의 신규 메시지 수신이다. '신규 메시지가 있습니다!'라고 모달로 알려 주는 애플리케이션 때문에 탐색이 중단된다.

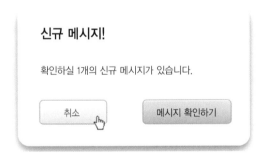

그림 97.2: 모달로 처리할 이유가 없다 − 쓸데없이 사용자를 방해한다.

애플리케이션에는 이미 알림을 숫자 버블로 표시할 수 있는 **메시지** 섹션이 있다. 지금 당장 보고 싶지 않을 뭔가를 알려 주기 위한 모달은 필요하지 않다.

학습 포인트

- 꼭 필요한 경우에만 모달 대화 상자 또는 전체 화면 경고를 사용하라.
- 콘텐츠를 가리면 사용자의 흐름이 중단될 수 있다는 것을 기억하라. 특히 모달이 전체 화면으로 자주 표시되는 모바일에서는 더욱 그렇다.
- 모달 뷰가 표시되는 경우가 여전히 있지만 현명하게 선택하라.

#98

사용자가 기대하는 경험을 제공하라

수년에 걸쳐 나는 디자이너가 생각하는 실천 규범의 일부가 '훔치지 않는다'는 것임을 알게 됐다. 교육을 받고 배우면서 우리는 지나치게 차용하지 말고, 자신만의 디자인 스타일을 개발하라는 가르침을 받는다. 모방은 환영받지 못하며, 다른 이의 디자인을 베끼는 것은 무마땅하게 여겨지며, 심지어 부정한 일로 취급된다.

UX에서 이것은 우수 사례와 완전히 정반대다. 제이콥 닐슨^{Jakob Nielsen}의 인터넷 사용자 경험 법칙(https://www.nngroup.com/videos/jakobs-law-internet-ux/)을 고려하라. 다음과 같이 기술돼 있다.

> 사용자는 대부분의 시간을 다른 사이트에서 보낸다. 이 말은 당신의 사이트가 그들이 이미 알고 있는 다른 사이트들과 동일하게 작동하기를 원한다는 뜻이다.

제이콥 닐슨은 이 말로 완전히 못박았다. 사용자는 삶의 대부분을 당신의 제품을 사용하지 않고 보낸다. 그들은 그 시간을 다른 사이트, 다른 웹 애플리케이션, 다른 모바일 애플리케이션에서 보낸다. 그들에게 가장 친숙하지 않은 것이 바로 당신의 제품이다.

당신은 이미 잘 알려진 패턴을 기반으로 개발하는 것을 목표로 삼아야 한다.

- 간단한 데이터 입력, 필드 간의 쉬운 이동, **제출** 또는 **저장** 버튼이 지원되는 양식
- on 또는 off 조정이 가능한 토글 컨트롤
- 사용자에게 제품 가격, 전체 비용을 숨기는 수수료 없이 알려 주는 페이지 또는 뷰

- 명확한 컨트롤, 링크처럼 보이는 링크, 버튼처럼 생긴 버튼
- 신속하게 작동하고 가장 관련성이 높은 항목을 먼저 표시하는 검색

사용자는 당신의 제품과 동일한 것을 수년 동안 사용해 왔다. 그렇다면 당신의 제품은 다른 것과 동일하게 작동해야 하는가? 아니면 완전히 다르게 작동해야 하는가? 답은 다른 제품과 동일해야 한다.

그림 98.1: iOS, 안드로이드, 타이젠(Tizen). 제품들이 비슷하게 보이는 이유가 있다.

흥미롭거나 매력적이지는 않다. 전혀 새로운 종류의 제품이나 인터페이스를 발명하는 것이 아니며, 전체 제품 섹터에 혁명을 일으키는 것도 아니다. 당신이 하고 있는 일은 UX 전문가가 하는 훌륭한 일이다. 다년간의 경험을 통해 사용자가 이해하고 좋아하는 검증된 관행을 기반으로 만드는 것이다.

당신의 만족은 쓸데없이 시간을 낭비하는 것에서 오는 것이 아니라 사용자가 이미 사용법을 알고 있는 방식을 제공하는 것에서 온다.

이것은 그들에게 일을 마치고 삶을 조금이나마 개선할 수 있도록 돕는 도구를 제공할 것이다.

경쟁 제품 또는 해당 분야의 다른 유사 제품을 '벤치마킹benchmarking'해 그것들의 경험과 사용성을 파악하라. 그들이 잘하는 부분을 확인하고, 사용자에게 친숙한 경험을 제공해서 편안함을 느끼게 만드는 방법을 알아낼 수 있을 것이다.

고객이 이미 사용법을 알고 있는 다른 제품처럼 작동하게 만들어라. 경쟁제품을 '복사해 붙여 넣기'하라는 것이 아니라 친숙함을 기반으로 사용자에게 경험을 제공하라는 뜻이다. 이 책의 대부분은 실습과 실제 경험을 바탕으로 하지만, 이미 존재하는 우수 사례를 수집하고 정수를 뽑아내는 데 중점을 둔다.

학습 포인트

- 다른 제품에서 우수 사례를 차용하는 것을 부끄러워하지 마라.
- 사용자는 그들이 이미 알고 사용해 본 제품처럼 당신의 제품이 작동하길 바란다.
- 이를 달성하기 위해서는 검증된 패턴을 기반으로 만들어라.

#99

인터랙션이 명확해야 하는지,
쉬워야 하는지 또는
가능해야 하는지 결정하라

제품을 가급적 직관적이고 친숙하게 만들기 위해 노력하지만, '고급' 옵션과 사용 빈도가 매우 낮은 기능이 항상 존재할 것이다(#32. 설정을 이해하기 쉽게 분류하라 참고). 사용자에게 그들의 경험에 대한 선택권과 제어권을 부여하는 것은 자연스럽게 사용 빈도가 낮은 기능 또는 사용자 중에 극히 일부만 변경할 설정으로 이어진다.

컨트롤이나 인터랙션이 어디에 (그리고 얼마나 눈에 띄게) 배치돼야 하는지 결정하는 것을 도우려면 인터랙션을 다음 세 가지 유형 중 하나로 분류하는 것이 유용하다.

- **명확한 인터랙션**: 명확한 인터랙션은 애플리케이션의 핵심 기능이다. 예를 들어 카메라 애플리케이션에서 셔터 버튼 또는 캘린더 애플리케이션에서 신규 일정 버튼 같은 것이다. 사용자가 제품을 쓸 때마다 매번 실행할 가능성이 높은 기능이며, 그 컨트롤은 쉽게 눈에 띄고 직관적이어야 한다. 우연이든 의도적이든 이것들을 숨기는 일이 여전히 벌어지고 있으며, 이는 사용자의 엄청난 불만과 신제품 실패의 원인이 된다.

- **쉬운 인터랙션**: 쉬운 인터랙션은 분류하기 가장 어려우며 대개의 경우 몇 번의 반복과 사용자 피드백을 거쳐야만 확인할 수 있다. 예를 들어 쉬운 인터랙션이란 카메라 애플리케이션에서 전면과 후면 렌즈를 전환하거나 캘린더 애플리케이션에서 기존 일정을 편집하는 것이다. 컨트롤은 쉽게 찾을 수 있어야 하며 메뉴 또는 메인 컨트롤의 두 번째 레벨 항목에 위치한다. 이것들을 정리하는 것은 매우 어려운데, 그 이유는 비교적 자주 사용돼서 숨길 수는 없지만, 그렇다고 매번 사용되는 것은 아니라서 디자이너가 **종종** 지나치게 후순위로 미루기 때문이다.

- **가능한 인터랙션**: 가능한 인터랙션은 거의 사용되지 않으며 고급 기능인 경우가 많다. 이것들은 검색 가능해야 하지만 명확하거나 쉬운 인터랙

션처럼 두드러질 필요는 없다. 카메라 애플리케이션에서 화이트 밸런스나 오토 포커스 조정 또는 캘린더 애플리케이션에서 일정 반복 설정이 그 예다. 대다수의 사용자가 고급 컨트롤로 인해 복잡해진 UI를 볼 필요가 없기 때문에 이것들을 더 깊숙이 숨겨 둘 수 있다.

iOS 카메라 UI는 이러한 인터랙션의 세 가지 종류의 균형을 잘 유지한다.

그림 99.1: iOS 카메라 UI

이러한 결정은 UI, UX, 제품 전체의 성공에 필수적이다. 페이퍼 프로토타이핑paper prototyping 또는 와이어프레임 단계에서 일찍 시작하라. 사용자가 무엇을 하는지 그리고 그들이 기능 및 설정을 어떻게 찾는지를 살펴보려면 자주 테스트하라. 변화를 주고 변경 사항을 반영해서 최대한 빨리 테스트하는 것을 재빨리 반복하라. 이렇게 해야 명확하고, 쉽고, 가능한 인터랙션 사이에서 제품과 사용자에게 맞는 적절한 균형을 잡을 수 있다.

학습 포인트

- 인터랙션이 명확해야 하는지, 쉬워야 하는지 또는 가능해야 하는지 결정하라.
- 당신의 가설을 실제 사용자와 함께 테스트하라.
- 확실한 성공을 위해서는 제품의 초기 단계에서 신속하게 반복하라.

#100

'모바일에서 작동하는가?'라는
말은 구식이다

2021년에 모바일 브라우징은 전체 웹 브라우징 트래픽의 56% 이상을 차지했다. 아프리카에서는 60%가 넘는다. 모바일은 몇 년 동안 가장 인기 있는 브라우징 경험이 돼 왔다.

 통계 출처: Statcounter Global Stats, https://gs.statcounter.com/platform -market-share/ desktop-mobile-tablet

이를 감안하면 '모바일 우선mobile-first', '모바일 친화적mobile-friendly', '반응형responsive 디자인'이라는 용어는 더 이상 언급할 가치가 없는 것처럼 느껴진다. 지금은 모든 것이 반응형이고 모바일 우선으로 간주되며, 웹 애플리케이션이 모바일에서 작동하지 않는다면 치명적 버그로 여겨진다. 검색 엔진 최적화SEO 측면에서 사형선고와 다름없다는 것은 말할 것도 없고, 모바일에서 제대로 작동하지 않을 경우 구글에서 무거운 벌칙을 부과한다.

최신의 프론트엔드 프레임워크는 다양한 뷰포트에 대응하는 웹 애플리케이션 또는 사이트 구축을 간단하게 만든다. 컨트롤을 모바일에 적합한 크기로 만들고 '품위 있게 저하'(작은 기기에서 작동하지 않는 요소를 숨김)시킨다. 반응형 디자인은 UI가 다양한 기기 크기에 맞춰 자동으로 변경되는 것을 말하므로 제품의 '모바일 버전'을 별개로 개발할 필요가 없다.

게다가 웹 애플리케이션이 기본 모바일 애플리케이션보다 사용자에게 더 편리한 경우가 많다. 기기의 기능에 접근한다거나 복잡하고 무거운 계산이나 로직과 같이 기본 애플리케이션이 필요한 이유가 많기 때문에 이 말이 철칙인 것은 아니지만, 웹 애플리케이션이 더 좋은 선택이 될 수도 있음을 항상 염두에 둬라. 웹 애플리케이션은 설치가 필요치 않으며, 애플리케이션 스토어에 등록할 필요도 없고, 플랫폼에 관계없이 웹 브라우저에서 작동하며, 다운로드 없이 즉시 업데이트할 수 있다.

또한 모바일 우선 접근법은 디자인 단계에서 경험을 덜어내고 단순화하는 데 도움을 준다는 점을 고려하라. 나는 사용자 테스트에서 더 깔끔하고 단순하다는 이유로 사이트의 모바일 버전 사용을 선택하는 사용자를 봤다.

학습 포인트

- 당신의 소프트웨어는 모바일에서 작동해야 하며 이것은 더 이상 선택이 아니다.
- 최신 프론트엔드 프레임워크는 이를 손쉽게 달성할 수 있게 해 준다.
- 모바일 우선 입장에서 시작하는 것이 전체 디자인 프로세스에 도움이 될 수 있다.

UX 철학

이 섹션은 당신이 더 나은 UX 작업을 수행하고 그렇게 하면서 기분이 좋아지도록 돕는 두 가지 원칙의 형태로 몇 가지 보편적인 조언을 제공하는 것이 목표다.

#101

악의 유혹에 빠지지 마라

사람들은 스마트폰을 자주 확인한다. 그 이유 중 하나는 어떤 면에서 이것은 도박이기 때문이다. 폰을 확인하면 아무런 알림이 없거나 어쩌면 좋아하는 소셜 미디어 애플리케이션 위에 빨간색 방울이 있을 것이다. 누군가 당신이 재치 있는 최근 트윗을 리트윗했거나 브런치 또는 애완 동물의 인스타그램 사진을 저장했을 수 있다.

알림을 받을 때마다 당신은 행복을 느낀다. 뇌에서 약간의 도파민을 방출한다. 그래서 잠시 기다렸다가 이내 폰을 다시 확인한다. 동일한 결과를 기대하며 중독성이 있는 행동 고리를 강화하게 된다.

이것은 우연이 아니다. 다수의 현대 제품, 특히 소셜 미디어는 중독성이 느껴지도록 설계됐다. 『Hooked: A Guide to Building Habit-Forming Products 중독된: 습관 형성을 위한 가이드』(Penguin, 2017)라는 책에서 심리학자인 니르 에얄Nir Eyal은 후크Hook 모델을 제시한다.

> 4단계의 프로세스가 제품에 포함되면 고객의 행동을 교묘하게 이끌어 낸다.

연속적인 **후크 사이클**을 거치면서 이 제품은 값비싼 광고나 적극적인 메시지에 의존하지 않고도 고객들을 몇 번이고 다시 데려온다. 기술 제품에 미묘하게 중독적인 행동을 구축하는 것은 확실히 나쁜 일이다.

다음으로 '다크 패턴dark pattern'이 있는데, 이는 사용자를 속여서 회사나 브랜드가 원하는 것을 하게 만들고자 설계된 UI 또는 UX 패턴을 말한다.

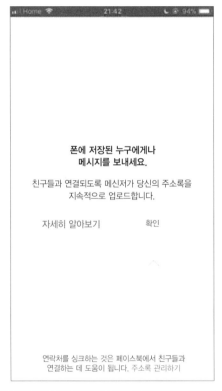

그림 101.1: 다크 패턴: 페이스북에 연락처를 보내지 않으려면 자세히 알아보기를 탭해야 한다.

이 패턴은 어떻게 보면 옛날 사기꾼과 악덕 중개인이 벌이던 사기와 똑같다. 지금은 웹에 이식돼 인터넷 시대에 맞게 업데이트됐다. 당신은 다음 중 일부를 분명 마주치게 될 것이다.

- 체크아웃하기 전에 당신이 삭제하지 않기를 바라면서 별도의 '애드온 add-on' 항목(보험, 보증 서비스 등과 같은)을 추가한 쇼핑 카트
- 최고의 결과가 아니라 당신에게 판매하고 싶은 항목들을 목록에 우선 배치한 검색 결과
- 광고처럼 보이지 않는 광고, 그 결과 실수로 탭하게 된다.
- 사용자 설정 변경. 당신의 비공개 프로필을 편집하고 이를 명시적으로 비공개로 다시 돌리지 않으면 회사가 이를 공개로 전환한다.
- 가입 취소 '확인 화면'. 실제로 취소하려면 수많은 체크박스를 선택 해제해야 한다.
- **모두 동의**를 누르기는 쉽지만 추적을 거부하거나 개별 설정하기 어려운 쿠키cookie 또는 프라이버시 배너
- 차량이 배기가스 테스트를 받고 있는지를 확인하고, 테스트 중인 경우 출력과 배기가스를 줄이는 자동차 엔진 관리 컴퓨터의 소프트웨어

수백 개가 더 있으므로 계속할 수 있다. 부디 그것들 중에 아무것도 하지 마라.

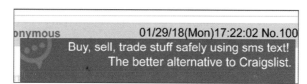

그림 101.2: 사용자가 지우려고 하다가 실수로 탭하길 기대하면서 이미지에 '먼지 한 점'을 넣은 모바일 배너 광고

일부 분야(예. 의학)에서는 전문가들이 자신이 하는 일의 핵심에 영향을 미치는 행동 및 윤리 강령을 갖고 있다. 소프트웨어 개발에는 그러한 행동 강령이 없지만, 아마도 있어야 할 것이다. 이 모든 다크 패턴과 중독적인 제품은 일반 소프트웨어 회사에서 일하는 평범한 사람들에 의해 디자인됐다. 그들에게는 선택권이 있었지만, 그들은 사용자가 아니라 회사를 위해 싸우는 것을 선택했다. 악의 유혹에 빠지지 말고 좋은 UX 전문가가 돼라.

학습 포인트

- 당신이 개발하는 소프트웨어의 도덕적, 윤리적 결과에 대해 생각해 보라.
- 당신도 사용하고 싶은 인터페이스와 경험을 디자인하라.
- 회사가 아닌 사용자를 위해 싸워라.

보너스

단순함을 위해 노력하라

작업의 모든 측면에서 단순함과 명확함을 위해 노력하라. 인터페이스, 카피, 경험뿐만 아니라 당신이 회의에서 하는 말과 당신이 작성하는 이메일 및 채팅 메시지에서도 마찬가지다. 전문 용어를 피하고, 사람들을 편안하게 해주고, 당신이 마주하는 모든 사람들의 UX를 향상시키기 위해 노력하라.

당신의 목업mock-up과 와이어프레임은 물론 '당신과 제품'의 다른 모든 면이 단순하고 편리해야 한다. 다른 사람들과 교류하고 친절을 베푸는 것을 마음껏 즐겨라. 이에 대한 보상은 UX에서 성공적인 커리어를 쌓는 것이다!

| 찾아보기 |

UX 원칙 2/e

사용자를 행복하게 만드는 101가지 솔루션

2판 발행 | 2023년 10월 25일

옮긴이 | 심 규 대
지은이 | 윌 그랜트

펴낸이 | 권 성 준
편집장 | 황 영 주
편 집 | 김 진 아
          임 지 원
디자인 | 윤 서 빈

에이콘출판주식회사
서울특별시 양천구 국회대로 287 (목동)
전화 02-2653-7600, 팩스 02-2653-0433
www.acornpub.co.kr / editor@acornpub.co.kr

한국어판 © 에이콘출판주식회사, 2023, Printed in Korea.
ISBN 979-11-6175-793-3
http://www.acornpub.co.kr/book/101-ux-2e